KB006301

책세상문고·고전의 세계

전 세계적 자본주의인가 지역적 계획경제인가 외

Universal Capitalism or Regional Planning

책세상문고·고전의 세계

전 세계적 자본주의인가 지역적 계획경제인가 외

UNIVERSAL CAPITALISM OR REGIONAL PLANNING

칼 폴라니 지음
·
홍기빈 옮김

책세상

일러두기

1. 이 책은 칼 폴라니Karl Polanyi가 쓴 다섯 편의 글을 발췌하여 옮긴 것이다.
   1) 〈낡은 것이 된 우리의 시장적 사고방식Our Obsolete Market Mentality〉, *Commentary*, vol. 3, Feb. 1947, reprinted in *Primitive, Archaic, and Modern Economies*, George Dalton(ed.)(Boston: Beacon Press, 1969/1971) .
   2) 《거대한 변형 *The Great Transformation*(Boston: Beacon Press, 1944/ 1957)》 중에서 〈제6장 자기 조정 시장 그리고 허구적 상품: 노동, 토지, 화폐〉 그리고 〈제11장 인간, 자연, 생산 조직〉.
   3) 〈다시 쓰는 마르크스주의 Marxism Re-stated(*New Britain*, July 4, 1934)〉; 〈경제학 철학 수고 소개 Introductory Notes to Karl Marx's "Political Economy and Philosophy"(미출간 원고, 1933~1935)〉; 마르크스 철학에 대한 강의 교안 Syllabus of a Lecture on marxian Philosophy(미출간원고, 1933~1935); 마르크스주의의 기독교 관점: 비판 A Christian View of Marxism. A Critique(미출간 원고, 1933~1935)〉.
   4) 〈우리의 이론과 실천에 대한 몇 가지 의견들 Neue Erwägungen zu unserer Theorie und Praxis〉, *Der Kampf*, 1925, reprinted in Gerald Mozetic(ed.), *Austro-Marxistische Positionen*(Wien: Bohlan-Verlag, 1983).
   5) 〈전 세계적 자본주의인가 지역적 계획경제인가 Universal Capitalism or Regional Planning〉, *The London Quarterly of World Affairs*(January, 1945). 그리고 제6장 〈칼 폴라니 약전〉은 Kari Polanyi-Levitt·Marguerite Mendell, "Karl Polanyi: Biographical Sketch"(*Telos*, no. 73, Fall, 1987)를 옮긴 것이다.
2. 주는 모두 후주로 처리했으며, 저자주는 '(저자주)'로, 옮긴이주는 '(옮긴이주)'로 구분하여 표기했다. 단, 해제의 주는 모두 옮긴이주라 따로 표기하지 않았다.
3. 주요 인명과 지명, 책명은 최초 1회에 한하여 원어를 병기했다.
4. 맞춤법과 외래어 표기는 1989년 3월 1일부터 시행된 〈한글 맞춤법 규정〉과 《문교부 편수자료》에 따랐다.

전 세계적 자본주의인가 지역적 계획경제인가 외 | 차례

책을 옮기게 된 동기

어느 해에 흉년이 든 데다 무서운 돌림병까지 퍼졌다. 사람들이 제사장에게 달려가 울부짖자 그는 신에 대한 경외심이 사라진 것이 원인이니 앞으로 종교적·도덕적 재무장의 불바람으로 온 나라를 휩쓸어야 한다고 엄숙히 선언했다. 그동안 불경하다고 찍혔던 많은 이들이 조리돌림을 당했고, 모두에게 금요일의 채식과 일요일의 고백성사가 강제되었다. 사람들은 1년 동안 울며 겨자 먹기식으로 참회와 자숙을 실천했다. 그런데 다음 해가 되었는데도 흉년과 돌림병이 수그러들기는커녕 더 드세지기만 했다면 사람들은 어떻게 했을까? 농지의 풍흉이나 집단 보건 위생은 기도 횟수나 신앙심과 별 인과 관계가 없다는 것을 깨닫고, 그동안 쓸데없는 금욕 생활을 강요하며 군림했던 제사장을 때려잡고, 수리 시설과 보건 체계를 합리적으로 개혁하는 데 눈을 돌리게 되었을까? 이럴 때 제사장에게는 오히려 권력을 더 강화하는 비장의 암수가 있다. 그는 외친다. "아직도 치성이 부족하다!" 지난 1년은 신의 노여움을 풀기에 턱없이 모자라니 더욱더 엄격한 참회와 금욕을 해야 한다는 것이다. 그 결과 다음 해 사람들은 침실의 이불 속까지 간섭을 받을 정도로 더욱 가혹한 금욕 생활을 감수해야 했다. 고통은 극에 달하고 사회 분위기도 실로 험악해진다. 그래도 제사장은 끄떡없다. 만약 또 흉년이 든다면 '치성 부족'을 한 번 더 외치면 된다. 그러다 보면 최소한 3년 안에 한 번쯤은 작황이 좋아지거나 최소한 현상 유지가 되는 해가 나올 터이다. 그러면 "보라, 우리의 참회가 열매를 맺었다"라며 큰소리칠 수 있을 것이다. 이런 식으로 그는 어쩌면 영원히라도 사람들을 어리석고 어두운 꿈에서 깨어나지 못하게 묶어놓을 수 있다.

1980년대 이후 전 세계의 개발 도상국들은 경제 위기를 겪게 되었다. 예외적인 모범생으로 보이던 아시아 국가들도 1997년 말의 경우와 같은 운명에 처하게 되었다. 위기에 처한 나라들에 거의 천편일률적으로 반복되는 현상이 있다. 나라 안팎의 주류 경제학자들이 들고 일어나 이 위기는 시장의 질서라는 신성한 자연법칙을 너무 오래 어겨온 탓이라 꾸짖은 뒤 어떤 희생을 감수해서라도 시장 법칙의 질서를 회복하는 것만이 살 길이라고 목소리를 높이는 것이다. 그러면 정부는 '개혁'이라는 이름 아래 그러한 주장에 떠밀려 정책의 기본 방향을 수립하게 되고 적지 않은 부분을 실천에 옮긴다. 그 결과 대규모 해고와 기업 도산 등 상당한 사회적 고통이 발생한다. 그런데 그런 희생 위에서 잠깐 풍년이 오는 듯싶다가 다시 경제 상황이 악화되고 실업과 기업 파산이 줄을 잇는다. 이때부터 호황과 공황이 간헐적으로 되풀이되는 불안정한 경제 패턴이 나타난다. 그러면 경제학자들은 '개혁이 부족하다' 즉 더 철저한 시장 질서 확립만이 해결책이라고 주장한다. 그러다 경제가 좀 좋아지면 이들은 개혁 덕분이라고 한다. 공황이 발생하면 개혁이 부족해서 그렇다고 한다.

발칙하게도 빛나는 현대 문명의 꽃인 주류 경제학을 제사장의 종교와 같은 미신에 빗대려 하는 것이냐고 분개하는 독자들이 있을 듯싶다. 안됐지만 그렇다.

주류 경제학이 현란한 용어와 수학적 기법으로 무장했다고 곧 과학성을 뽐낼 수 있는 것은 아니다. 유대교 신비주의인 카발라Kabbālāh 전통의 일파는 거룩한 신의 이름을 찾아내기 위해, 메시아가 오는 때를 계산하기 위해 등 세계의 중요한 문제들이 제기될 때마다 13세기 이후의 온갖 수학적 기법을 동원한 바 있다. 현란한 용어와 개념도 마찬가지다. 저 제사장도 보통 사람은 이해도 상상도 할 수 없을 현란한 종교적 용어와 개념의 체계를 갖추었을 것이다. 16세기 이래 악마학demonology의 문헌을 보면 세상의 천사와 악마가 얼마나 체계적으로 정리되어 있는지, 또 그 하나하나가 어쩌면 그토록 구구절절한 사연을 간직하고 있는지에 놀라게 된다.

그렇다면 근대 과학성의 핵심은 무엇인가. '가설을 허용치 않는' 뉴턴 물리학 이래 근대 자연과학의 주요한 특징 가운데 하나는 결과를 예측하는 능력이다. 대포알의 무게, 화약의 양, 발사의 각도, 바람의 세기 등을 알면 대포알이 어디에 떨어질지 정확하게 짐작할 수 있도록 해주는 것이 과학이다. 이런 능력 덕분에 우리는 거대한 댐도 다리도 세웠고 우주선도 쏘아 보냈다. 그렇다면 앞에서 본 제사장과 주류 경제학자들도 그런 능력을 가지고 있을까? 과연 제사장은 인간의 죄, 신의 진노, 그로 인한 풍흉이라는 결과 사이에 어떤 인과 관계가 있는지 정확하게 알고 있었을까? 만약 그가 흉년의 원인으로 내세운 '인간의 타락'설이 그렇게 신통한 법칙이라면 그는 흉작이라는 결과가 나타나기 이전에 이미 사람들의 풍기 문란 상태와 늘어나는 환락 업소의 숫자만을 보고도 미리 흉년을 예견할 수 있어야 했다. 그리고 그런 능력이 있다면 "더 타락하면 흉년이 들 것이니 자제하자"고 가르쳐주어 흉년을 미연에 방지해줄 일이지 막상 흉년이 닥친 뒤에야 그런 소리를 해대는 것은 무슨 까닭일까? 주류 경제학자들에게 비슷한 의문이 든다. 그들이 말하는 시장 질서가 그토록 어김없는 과학적 철칙이라면 왜 그들은 위기 직전까지도 사태를 예측하지 못하다가 위기가 온 다음에야 이구동성으로 그런 주장을 하는 것일까? 예를 들어 일본이나 한국 경제의 모습이 교과서적인 시장 경제와 거리가 멀다는 것이 언제 비밀이었던가? 그런데 모든 게 잘되어가던 때에는, 그런 차이야말로 일본이나 한국과 같이 기적적인 경제 발전을 이룬 아시아 발전 국가의 독특한 장점이라는 주장이 횡행해도 주류 경제학자들은 별 말이 없거나 부화뇌동하기까지 했었다. 그러고 보면, 주류 경제학이 본격적으로 과학성을 표방하기 시작한 20세기를 통틀어 경제학자들이 경제 현상을 정확하게 예측한 적이 있기는 했던가? 과문해서인지 들어본 적이 없다.

게다가 갈릴레이에게서 내려온 과학성은 옳고 그름을 실험을 통해 검증하는 지적 태도를 보인다. 아리스토텔레스의 물리학이 아무리 훌륭한 철학적 체계를 가지고 있다 하더라도, '무거운 물체가 먼저 떨어지'는 것이 아니라는 사실이 실험으로 밝혀진다면 바로 그 순간부터 '과학'으로서의 가치를 의심받아야 한다. 고명한 한의사가 환자에게 "3년 서리 맞은 사탕수수, 교접하고 있는 귀뚜라미 한 쌍, 열매 달린 평지목"과 같은 심오하기 짝이 없는 처방을 내린다 해도 그걸 먹고 환자가 죽어버리면 소용이 없다. 이 실험과 검증이라는 무기를 통해 인류는 수천 수만 년 동안 자신을 옭아맸던 미신과 우상을 타파할 수 있었다.

그런데 제사장의 주장은 논박할 수 없는 형태의 담론 체계로 제시되었기 때문에 애초부터 과학적인 검증이 불가능하다. '치성이 부족하면 흉년이 든다'라는 주장은, 만약 '치성이 부족했는데도 풍년이 들었다'든가 '치성을 드렸는데도 또 흉년이 들었다'는 사례가 발견되면 논박을 당하거나 의심을 받아야 한다. 그런데 제사장의 담론 체계에서 처음의 명제는 불경하게 논박하고 어쩌고 할 수 있는 것이 아니다. 그것은 요지부동의 성스러운 진리로서, 그런 사례가 나타날 경우 도리어 '풍년이 든 것을 보니 우리의 치성이 신을 달랜 것이다'라든가 '또 흉년이 든 것을 보니 치성이 한참 부족하다'는 판단을 내린다. 결국 현실에서 어떤 경우가 벌어지든 항상 신에게 치성을 드려야 한다는 당위는 강화될 뿐이다. 하긴 혹세무민을 생업으로 삼는 제사장에게 엄격한 과학철학의 기초를 요구하는 것부터가 무리일 것이다.

그렇다면 주류 경제학은 어떨까? '시장 질서가 부족하면 경제 위기가 온다'는 명제는 '시장 질서가 부족했는데도 경제가 번영한다'든가 '시장 질서의 방향으로 개혁을 했는데도 경제 위기가 온다'라는 현실이 발견되면 논박을 당하거나 의심을 받아야 한다. 그런데 경제학자들은 '다시 위기가 몰려오면 그것을 시장 개혁의 미흡함에 대한 경종으로 받아들여야 한다'고 하거나, '경제가 번영하는 것을 보니 시장 질서가 작동하고 있음을 알 수 있다'고 말한다. 경제 위기로 아시아 국가들이 고전을 면치 못하자 이른바 '아시아 모델'은 국가가 시장 질서에 너무 심하게 개입한 것이 아니냐는 비난을 받고 있다. 그러나 잠깐 언급했었지만 이 국가들이 잘나가는 듯 보일 때 세계은행이나 국제통화기금IMF은 이들이 성공할 수 있었던 비결은 수출 주도형의 정책으로 세계 시장의 논리에 순응하기 때문이라는 점을 강조하며 개발도상국의 모범으로 떠받들었다. 위기가 바로 코앞에 와 있을 때까지만 해도 그랬다. 한마디로 '잘 되면 시장 탓 못 되면 비(非)시장 탓'이 되는 셈이다. 과학성을 뽐내는 경제학자들의 논리 구조가 제사장과 닮았다니 놀랍다. 혹시 '시장 만능'의 명제가 의심받으면 생업이 막연해진다는 점까지 서로 닮은 것은 아닐까?

지금까지 살펴본 두 가지 문제점의 귀결이 되겠지만, 시장을 맹신하는 현대 경제학의 가장 심각한 문제점은 '유토피아'적 성격에 있다. 유토피아란 본디 존재할 수 없는 가상의 상태이다. 현실의 모든 제약을 뛰어넘는 자유로운 상상력으로 그려낸 가장 완벽한 모습. 이런 이상향을 꿈꾸는 버릇은 인간 상상력의 독특한 구조에서 비롯한 것으로, 또 다른 이들의 상상력을 자극하고 인류의 삶을 고양시키는 하나의 매개임을 우리는 잘 알고 있다. 문제는 유토피아가 상상력을 자극하는 지적 수단에서 한 걸음 나아가 현실의 인간과 사회가 무조건 따라야 하는 '당위'로 군림하는 것이다. 인간이 말 그대로 순진무구하여 신과 완전히 하나가 된, 타락 이전의 상태라는 유토피아는 실제로 있든 없든 상관없이 인간이 도덕성을 반성하는 상상력의 원천이 된다. 그런데 누군가 그 상태를 현실의 인간들에게 강요하면서 거기서 벗어나는 모든 행동을 죄라고 몰아붙인다면, 또 흉년이나 병 같은 재난이 닥칠 때마다 죄를 고백하고 금욕을 실천해야 한다고 윽박지르기 시작하면 유토피아는 폭력적인 미신으로 전락한다.

시장 이론도 같은 맥락을 따른다. '효율적인 시장'이란 과연 존재하는가? 무수한 거래자들이 모두 완벽한 정보를 가지고 법적·제도적 제약을 넘어 심지어 시간적·공간적 제약마저 뛰어넘을 수 있을 때 비로소 그런 시장은 나타날 수 있다. 이는 교과서에나 나오는 유토피아일 뿐이다. 이러한 유토피아는 현실 경제의 어떤 측면을 반성해 보여주는 거울이 될 수 있다. 그런데 누군가 현실의 경제가 이런 상태가 되어야 한다고 강요하면서, 모든 경제 문제에 대해 오로지 시장경제를 확립하는 길밖에 없다고 처방을 내린다면 이 또한 폭력적인 미신이 되어버린다.

1997년에, 또 2000년에 우리 경제가 위기를 맞은 것은 시장 개혁이 부족해서가 아니라 바로 그 시장 개혁 '때문'이 아닐까? 1997년 위기의 직접적 원인은 재벌 기업들이 단기로 차입한 외자가 지나쳤기 때문인데, 이는 김영삼 정권 당시 재벌들에게 최대한의 자유를 주기 위해 원칙 없이 행하던 금융자유화와 탈규제의 결과가 아닌가? 또 2000년에 경기가 위축된 데에는 몇 년간의 구조 조정 과정에서 고용 창출을 위해 대규모 투자를 할 만한 대기업들이 사라졌거나 위축되었으며, 은행들이 금융 구조 개혁의 덫에 걸려 몸을 사리는 바람에 기업들이 자금 경색으로 고통받았던 것이 최소한 원인의 일부가 아닌가? 과연 어느 정도까지 시장 개혁을 완수해야 약속된 땅에 들어갈 수 있는 것인가? 그런 실례는 있는가? 우리보다 훨씬 먼저 그 길에 들어선 멕시코 같은 나라들은 시장이라는 낙원에 도달했는가? 아니면 불평등과 경제 불안정의 지옥에 빠져버렸는가? 결국 우리는 유토피아는 없다는 사실을 절감할 때까지 시장 경제라는 목표를 향해 계속 시시포스처럼 곤두박질을 쳐야 하는가? 시장 실현이 인간의 경제를 위해 존재하는 것인가 아니면 그 반대인가?

물론 이런 정도의 짧고 엉성한 비판으로는 현대 경제학이라는 철옹성은 꿈쩍도 하지 않을 것이다. 하나의 담론 체계가 현실에서 위와 같은 의미의 '유토피아'의 자리에까지 올랐다는 것은 오랜 세월에 걸쳐 인류의 집단적인 이론과 실천 속에서 역사적 침전물로 전화했다는 의미다. 따라서 카를 마르크스가 젊은 시절에 갈파했듯이 인류가 그러한 유토피아를 극복하려면 다시 오랜 시간 동안 집단적인 이론과 실천을 겪어야 할 것이다. 그런데 누구보다도 먼저 시장이라는 유토피아를 극복하는 데에 필요한 지적 자산을 준비했을 뿐만 아니라 평생 동안 그 거대한 풍차에 집요하게 창을 겨누고 달려들었던 이가 있다. 바로 헝가리 태생의 사회사상가 칼 폴라니Karl Polanyi다. 우리나라의 지식계에 비교적 최근에야 관심이 환기되었지만, 그의 사상은 우리 사회에 팽배해 있는 시장이라는 유토피아의 신화에 효과적인 해독제가 될 수 있을 것이라 믿어 의심치 않는다. 한 가지 난점은, 그의 사상이 인류학, 정치 사회학, 국제 정치학, 사회 사상사, 경제학 등 방대한 영역에 걸쳐 있고 그의 저작들이 배경으로 깔고 있는 역사적, 지적 배경 등이 중요하고도 복잡하여, 처음으로 그의 사상과 저작에 접근하려는 많은 이들에게 큰 어려움을 주고 있다. 따라서 그러한 난점을 해소하고 더 많은 이들이 폴라니의 사상에 대한 이해를 더욱 심화시킬 수 있도록 디딤돌이 되어줄, 해설을 겸한 편역서가 시급히 요청된다고 본다. 이 책은 그러한 요구에 맞도록 준비되었다.

옮긴이 홍기빈

들어가는 말

지구화globalization라는 말이 유령처럼 떠돈 지 10년이 넘었다. 처음에는 이 말이 정보 기술 혁명, 지구적 문화의 창조, 주권 국가의 종말, 공산주의 이데올로기의 종언과 새로운 지구 공동체의 형성 등 여러 유행어와 뒤섞여 있어 정확히 무엇을 뜻하는지 파악하기가 쉽지 않았다. 아직도 그 유령의 전모가 뚜렷이 드러난 것은 아니지만, 지구화라는 것은 무엇보다도 초국적 기업과 금융자본이 주도하는 '시장의 세계화'라는 사실이 점점 뚜렷해지고 있음은 누구도 부인할 수 없을 것이다.

자연과학과 달리 실험이 불가능한 사회과학에서는 역사적 경험에 귀를 기울여야 한다. 그런데 지금 우리는 역사의 교훈을 까마득히 잊어버리는 심한 건망증에 걸린 듯하다. 공산당이 주도하는 프롤레타리아 독재를 통해 모든 생산 수단을 장악하면 공산주의의 낙원으로 발전할 것이라는 유토피아적 실험은 지금 실패한 것으로 보이며, 지난 10년 동안 학교와 온갖 매체는 이 실험의 교훈을 지겹도록 떠들어왔다. 하지만 바로 전 세기에 또 다른 유토피아의 실험이 실패했다는 사실을 모두가 잊은 듯하다. 전 세계에 걸쳐 지구적 시장을 이루려는 유토피아적 시도가 이미 19세기에 있었지만 그것이 제국주의, 세계대전, 파시즘 등 역사상 가장 추악한 것들로 이어졌고 결국 국가가 개입하는 복지국가/조합주의 국가 등으로 변질되고 말았다는 역사의 교훈은 아무도 기억하지 않는 것 같다. 그래서 지금 그때와 같은 방향으로 진행되는 실험에 전 세계가 한 번 더 휘말려들고 있는 게 아닌가.

"자기 조정 시장이라는 것은 완전한 유토피아에 지나지 않으므로, 그러한 시도가 나타나면 즉시 그에 맞서는 사회의 자기 보호 운동이 생겨난다"는 폴라니의 명제는 이미 현실로 나타나고 있는 듯하다. 2000년 초 시애틀부터 시작하여 시장적 지구화를 가속화하려는 모든 국제 회의장에 어김없이 나타나는 저항과 시위가 그 상징적 예일 것이다. 멕시코의 자파티스타Zapatista 운동은 지역적으로 한정된 운동임에도 북미자유 무역협정NAFTA 같은 지구화의 흐름을 적으로 선언하고 있다. 하지만 이런 저항 운동의 자기 보호뿐만 아니라 매우 위험한 반동적인 자기 보호 운동도 나타나고 있다. 여러 동유럽 국가에서 좌파 정당들이 계속 정치적 영향력을 유지하는 것은 그들이 참신한 전망을 제시하는 진정한 좌파 정당으로 거듭나서라기보다는 급속한 시장 개혁이 가져온 사회적 파국에 사람들이 환멸을 느꼈기 때문일 것이다. 이처럼 전 세계에서 혼란스럽게 진행되고 있는 이중적 운동은 과연 진보적이고 더 인간적인 세계 질서의 창출로 이어질까? 혹시 파괴적이고 야수적인 역사의 퇴행으로 결말이 나는 것은 아닐까?

우리나라를 포함한 아시아 나라들은 이러한 지구화의 도전과 함의를 더욱 심각하게 고려해야 한다. 아시아의 수출주도형 성장 모델은, 사회 내부에서는 자기 조정 시장으로의 철저한 개혁을 극소화하면서 대외적으로는 세계 시장이라는 공간을 최대한 이용하는 것을 목표로 삼는다. 그 결과 각국의 지배 계급은 국내적으로는 식민지 시대부터 내려오는 자신들의 권력 구조가 무너지는 급작스러운 사회 혁명을 방지했고, 그러한 권력 구조로 사회의 구석구석을 수출과 경제 성장을 위한 중상주의적 장치로 재편하여 빠른 경제 성장을 이루는 식의 역사적 블록을 형성해왔다. 이제 지구화의 물결 속에서 그러한 전통적인 역사적 블록은 해체되고 새로운 형태로 재편될 수밖에 없음이 분명해지고 있다. 따라서 지난 몇십 년 동안 작동해오던 삶의 방식도 아주 미시적인 차원에서까지 변화를 맞을 것이다.

그렇기 때문에 "이러한 지구화의 시대에 폴라니의 생각은 어떤 함의를 줄 수 있을까"라는 질문을 앞에 놓고 이 작은 편역본을 엮었다. 제한된 분량으로 폴라니의 방대한 이론 체계를 모두 보여주는 것은 불가능하기도 하고, 또 경제인류학이나 경제사 혹은 사회철학 같은 특수한 분야의 연구는 일반인들에게는 어려워 보이기 때문이기도 하다. 이 책에 실린 글들은 다음과 같다.

제1장 〈낡은 것이 된 우리의 시장적 사고방식〉은 1947년 유대계 저널인 《코멘터리*Commentary*》에 기고한 논문으로, 시장 신화를 비판해온 폴라니의 연구를 쉽게 요약하고 있다. 폴라니의 사상으로 들어가는 가장 좋은 길잡이라고 생각한다.

제2장은 《거대한 변형*The Great Transformation*》에서 오늘날 지구화 시대의 정치경제학을 이해하는 데 큰 도움이 될 이중적 운동과 자기 조정 시장의 개념을 보여주는 제6장과 제11장을 뽑아 새로 번역했다.

제3장 〈마르크스주의에 대한 노트〉는 마르크스의 초기 저작이 출간된 1932년부터 몇 년 동안 마르크스주의를 새롭게 이해하면서 쓴 강연 개요, 개인 노트 들이다. 여기에는 폴라니가 마르크스를 이해하는 방식뿐만 아니라 폴라니가 사회주의 사상을 형성해가는 과정도 나타나 있어서, 사회주의자로서의 폴라니를 이해하는 데 매우 중요한 자료로 판단된다. '다시 쓰는 마르크스주의'를 제외하면 모두 출간된 적이 없는 뛰어난 글들이다.

제4장 〈우리의 이론과 실천에 대한 몇 가지 의견들〉은 1925년에 오스트리아 사회민주당 기관지에 발표한 글로, 중

앙 계획적인 국가 사회주의를 대체하는 폴라니의 사회주의 사상이 잘 드러나 있다. 공산주의 몰락 이후 시장 자본주의에 맞서 대체 사회를 꿈꾸는, 상상력이 고갈되고 또 멸시받는 오늘의 상황에 참신한 시각을 줄 수 있을 것이다.

제5장은 〈전 세계적 자본주의인가 지역적 계획경제인가〉이다. 1945년 당시 영국에 머물고 있던 폴라니는, 노동당이 득세하고 사회주의적인 계획경제의 요소가 자라나는 모습을 보면서 그러한 경향이 영연방 전체로 퍼지기를 기대했다. 그렇게 함으로써 불안정하고 파괴적인 시장 자본주의 세계체제 대신 민주적인 계획경제를 가능케 할 지역주의적인 세계 질서를 세우기를 바랐고, 거기에 영국의 노동 계급이 선도적 역할을 할 것을 기대했던 것이다. 그런데 전후 미국이 추구하는 세계 질서가 근본적으로는 자유주의적인 시장 체제를 복구하려는 것임을 보고, 영국이 반대를 분명하게 표명해야 한다는 여론을 형성하기 위해 쓴 글이다. 이러한 지역주의의 이상은 현재 앵글로색슨식의 자본주의로 빠르게 전환할 것을 강요당하고 있는 아시아 국가들에게 매력적인 대안이 될 수 있다. 군사 강국인 중국과 자본과 기술을 갖춘 일본을 아울러 밀집된 아시아 인구에 구매력을 주어 대규모의 시장과 산업을 창출하는 지역주의적 계획경제가 가능하지 않을까.

제6장 〈칼 폴라니 약전〉에는 폴라니의 딸인 카리 폴라니

레비트Kari Polanyi-Levitt 교수 등이 정리한 폴라니의 삶과 사상의 흐름이 담겨 있다. 폴라니의 아내와 딸이 쓴 비슷한 성격의 다른 글들 가운데 폴라니가 당시의 시대 상황과 지적 조류와 어떻게 교류했는지 좀더 자세히 보여준다.

제1장

낡은 것이 된 우리의 시장적 사고방식

'기계제 시대'의 첫 세기가 공포와 전율 속에서 저물어가고 있다. 이 믿기지 않을 정도의 물질적 성공은 인간이 기계의 요구에 기꺼이, 나아가 열광적으로 복종함으로써 이룬 것이다. 자유주의적 자본주의는 사실상 산업혁명에 대한 인간의 최초의 응전이었다. 인간은 정교하고 강력한 기계를 자유롭게 활용하기 위해서 경제를 여러 시장들이 연결된 자기 조정 체제로 바꾸었고, 이 독특한 혁신의 틀 속에서 사상과 가치들을 형성했다.

오늘날, 우리는 그렇게 형성된 사상과 가치들 가운데 몇몇의 유효성을 의심하기 시작했다. 미국을 제외하면 그 어느 곳에서도 더 이상 자유주의적 자본주의가 존재한다고 말하기 어렵다. 우리는 기계 사회에서 인간 생활을 어떻게 조직해낼 것인가라는 문제에 새롭게 직면하고 있다. 경쟁적 자본주의 구조가 사라져가는 한편 그 뒤에서는 노동자가 무기력해지는 방향으로 노동이 분업되고 있으며, 생활이 표준화되고, 유기적 원리보다는 기계적 원리가, 자발성의 원리보다는 조직성의 원리가 지배하는 산업 문명의 불길한 징조가 엄청난 모습을 드러내기 시작했다.

단순히 지나간 세기의 이상으로 되돌아간다고 해서 길이 열리지는 않을 것이다. 우리는 용감하게 미래로 진격해야 한다. 설령 그것이 산업의 위치를 기계라는 외생적 사건의 충격을 흡수하는 방향으로 바꾸려는 노력에 우리를 끌어들이는 것이라 하더라도 말이다. 산업적 민주주의를 향한 모색은 대부분의 사람들이 생각하듯 단지 자본주의의 여러 문제들에 대한 해결책을 모색하는 것만은 아니다. 그것은 산업 자체에 대한 해답을 찾으려는 노력이기도 하다. 이처럼 새로운 체제를 세워나가는 데에는 내면의 자유라는 것이 필수적이거니와, 현재 우리는 그를 풍부히 갖추지 못하고 있는 실정이다. 시장 경제는 경제 체제가 사회에서 맡는 역할과 기능을 지나치게 단순하게 바라보았고, 시장적 사고방식의 유산을 물려받은 우리의 머리는 원활히 돌아가지 않게 되어버렸다. 위기를 극복하고자 한다면, 세계에 대한 좀더 현실적인 전망을 다시 찾아야 하며, 그것을 바탕으로 공동의 목표를 세워야 할 것이다.

산업주의란, 긴 세월에 걸쳐 지속되어온 인간의 존재 위에 아슬아슬하게 붙여놓은 접눈과 같다. 이 실험의 결과는 아직 저울로 측량 중이다. 그렇지만 인간은 단순한 존재가 아니며 절멸해버리는 방식은 여러 가지일 수 있다. 우리 세대가 그토록 열정적으로 제기해온 개인의 자유라는 문제도 이 절박한 문제의 한 측면에 지나지 않는다. 사실 개인의 자유라는 문제는 훨씬 더 폭넓고 깊은 문제, 즉 기계의 총체적 도전에 맞서 새롭게 대응할 필요성의 일부에 지나지 않는다.

산업 문명은 여전히 인간을 파멸시킬지도 모른다. 그러나 환경을 점차 인공적으로 만드는 이 움직임이 저절로 중지될 리 없고, 사실 중지되어서도 안 된다. 따라서 지구 위에 인류가 계속 살아남으려면, 점차 인공적으로 되어가는 환경에서의 삶을 인간이 존재하기 위한 필요조건에 적합하도록 만들어야 한다. 인류가 그렇게 적응할 수 있을지 아니면 그러한 노력에도 불구하고 결국 절멸할 수밖에 없는 것인지는 아무도 예측할 수 없다. 그래서 수심에 찬 어둡고 낮은 목소리가 나오고 있는 것이다.

또한, 기계제 시대의 첫 번째 단계가 완료되었다. 이 단계에서의 사회 조직은 그 중심적 제도에서 이름을 따온 것인데, 그 제도는 바로 시장이다. 이 체제는 이제 내리막길을 걷고 있다. 그러나 실제 생활에서의 우리 철학은 시장 사회의 출현이라는 이 엄청난 사건의 영향 아래 꼼짝없이 굳어져버렸다. 인간과 사회에 대한 새로운 관념이 시대의 흐름이 되었고 공리(公理)의 위치까지 얻게 된 셈인데, 내용은 이렇다. 인간에 관해서는, 우리는 다음과 같은 이단적인 이론을 받아들여야 한다. 즉 인간의 동기는 '물질적'인 것과 '관념적'인 것으로 나뉘는데, 일상생활이 조직되는 동기는 '물질적' 동기라는 것이다. 공리주의적 자유주의나 통속적 마르크스주의 모두 이러한 관점을 선호했다. 사회에 관해서는, 인간의 경우와 비슷한 다음과 같은 학설이 나왔다. 사회 제도는 경제 체제에 따라 '결정'된다. 이 견해는 자유주의자들보다는 마르크스주의자들에게 훨씬 더 인기가 있다.

물론, 시장 경제 아래서는 두 가지 주장이 다 맞다. 하지만 오직 시장 경제 체제에서만 그러하다. 이러한 관점을 과거에 적용하게 되면 시대착오적 입장만 나오게 될 뿐이고 미래에 적용하게 되면 편견만 나오게 된다. 하지만 이렇게 역사적으로 제한된 현상에 불과한 시장 경제적 사고방식은, 과학의 권위와 종교, 정치, 경제에 의해 강화된 현재의 여러 사상 조류들의 영향력에 힘입어 시간을 초월하는 것, 즉 시장 시대를 넘어서는 것으로 여겨지게 되었다. 이러한 시장 경제적 사고방식의 여러 교조들은 우리의 정신과 영혼을 억누를 뿐만 아니라 우리의 생존이 달려 있는 새 시대로의 적응을 지독히 어렵게 만들고 있는데, 그것들을 극복하는 일은 우리의 의식을 근본적으로 개혁하지 않는 한 불가능하다.

1. 시장 사회

자유 방임의 탄생은 문명인들이 스스로를 바라보는 관점에 큰 충격을 주었으며, 문명인들은 그 충격에서 도무지 헤어나오지 못하고 있다. 그로 인해 근 한 세기 동안 벌어졌던 것이 무엇이었는가를 우리가 깨닫는 속도도 매우 더딜 수밖에 없다.

자유주의 경제는 기계에 대한 인간의 첫 번째 대응으로서 그 이전의 여러 조건들과 완전히 결별하는 것이었다. 그래서 연쇄 반응이 일어나기 시작했고, 그 전에는 저마다 고립되어 있던 여러 시장들이 관계를 맺어 자기 조정 체계를 이루었다. 그리고 이 새로운 경제와 함께 새로운 사회가 등장했다. 여기에서는 다음의 과정이 결정적이었다. 노동과 토지가 상품으로 변하는 것이다. 즉, 노동과 토지가 마치 판매를 위해 생산된 것들인 양 취급되는 것이다. 물론 그것들은 실제 상품이 아니다. 왜냐하면 그것들은 (토지의 경우처럼) 결코 생산되는 것이 아니며, 또 생산된다 하더라도 (노동의 경우처럼) 판매를 위해 생산되는 것이 아니기 때문이다. 하지만 이렇게까지 완벽하게 효과적인 허구가 고안된 적도 없었다. 노동과 토지를 자유롭게 매매하게 됨에 따라, 그것들에도 시장 메커니즘이 적용될 수 있게 되었다. 이제 노동이라는 상품에 대해서는 수요와 공급이 존재한다. 토지에 대한 수요와 공급도 존재하게 된다. 따라서 노동력 사용의 대가인 시장 가격[임금]도, 토지 사용의 대가인 시장 가격[지대]도 존재하게 된다. 노동과 토지가 각각의 시장에서 공급되는 방식은 이제 그것들의 도움으로 생산되는 여타 고유한 의미의 상품들과 다를 바가 없다. 노동은 인간에게 붙여진 다른 이름일 뿐이며, 토지 역시 자연의 또 다른 이름일 뿐이라는 사실을 떠올려보면 이러한 변화의 넓이와 파장을 가늠해볼 수 있을 것이다. 이러한 상품 허구commodity fiction는 인간과 자연의 운명을, 자체적인 법칙에 따라 통제하고 궤도를 따라 스스로 작동하는 자동장치의 작동에 넘겨준 것이다.

그 전에는 이와 비슷한 일조차 일어난 적이 없다. 비록 중상주의 체제가 시장을 창출하기 위해 고의적으로 압력을 행사하기는 했지만, 이 체제 아래서는 정반대의 원칙이 여전히 작용하고 있기도 했다. 노동과 토지가 시장에 내맡겨지는 일은 없었다. 노동과 토지는 유기체적인 사회 구조의 일부를 이루는 것이었다. 토지를 시장에서 다룰 수 있는 경우라 하더라도 일반적으로 거래 당사자들이 결정할 수 있는 것은 가격뿐이었다. 노동이 계약의 지배를 받는 경우라 하더라도 임금 자체는 보통 공공기관이 결정했다. 토지는 장원, 수도원, 읍구township(邑區)[1]의 관습 아래 놓여 있었으며, 부동산 권리에 관한 관습법common-law의 제한을 받았다. 그리고 노동은 구걸과 부랑을 금지하는 법령, 노동자와 직인들에 대한 법령, 구빈법, 길드와 지방 법규 등의 규제를 받았다. 요컨대 인류학자들과 역사가들이 알고 있는 한, 모든 사회는 글자 그대로의 고유한 의미의 상품에 한해서만 시장을 적용했던 것이다.

그러므로 시장 경제는 새로운 유형의 사회를 창출했다. 여기서는 스스로 알아서 작동하는 자동 장치에 경제 즉 생산 체제가 내맡겨진다. 제도화된 메커니즘이 매일 인간의 활동을 통제하고 자연 자원 또한 통제한다. 물질적 행복을 담당하는 이 기구를 통제하는 것은 오직 굶주림과 이익이라는 동기, 좀더 정확히 말하면 생필품 없이 살게 되는 것에 대한 두려움, 그리고 이윤에 대한 기대뿐이다. 재산이 없는 사람은 먼저 시장에 노동을 팔아야만 배고픔을 달랠 수 있으며 재산이 있는 사람은 가장 저렴한 시장에서 구매하여 가장 비싼 시장에서 판매하도록 마음껏 허용된다는 조건이 지속되는 한, 그 눈먼 맷돌[2]은 점점 더 많은 양의 상품을 토해내어 인류에게 혜택을 가져다줄 것이다. 노동자에게는 굶주림에 대한 두려움, 고용주에게는 이윤이라는 미끼가 그 거대한 기구를 계속 돌아가게 해줄 것이다.

이러한 방식으로, 사회의 다른 제도와 확연히 구별되는 '경제 영역'이 나타나게 되었다. 모든 인간 집단은 생산을 담당하는 기구가 작동하지 않으면 생존할 수 없다. 그러므로 그 생산 기구를 확연히 구별되는 분리된 영역에 마련해놓으면 사회의 '나머지 영역'은 그 영역에 종속될 수밖에 없다. 그런데 그 생산 기구의 기능을 통제하는 메커니즘이 그 독립적인 경제 영역을 규제한다. 그 결과 시장 메커니즘이 사회 조직의 생활을 결정하게 된다. 새로 떠오르는 인간 집단이 그 전과는 비교할 수 없을 만큼 '경제적인' 사회였다는 것은 이상한 일이 아니다. '경제적 동기'는 스스로의 독자적인 세계에서 지고의 가치로 군림했고, 개인들은 저거노트juggernaut[3]와 같은 시장의 발길에 짓밟히는 고통에 떠밀려 그 '경제적 동기'에 따라 행동할 수밖에 없었다. 이렇게 공리주의적인 세계관으로 개종하도록 밀려가는 와중에서 유럽인들의 인간에 대한 관점은 돌이킬 수 없도록 일그러지고 말았다.

이러한 '경제적 동기'의 신세계는 오류에 바탕을 둔 것이다. 배고픔과 이익은 사랑이나 증오, 자부심이나 편견 등과 마찬가지로 '경제적'인 것이 아니다. 인간을 움직이는 어떠한 동기도 그 자체로 경제적인 것은 없다. 인간이 종교적, 미학적, 성적 경험을 할 수 있다는 의미에서라면, 독자적인sui generis 경제적 경험 따위는 존재하지 않는다. 종교적, 미학적, 성적 경험 같은 것들은 넓게 보아 그와 비슷한 경험을 재현하고자 하는 동기를 유발시킨다. 하지만 이러한 경험들이 물질적 생산과 관련해서 갖는 의미는 결코 자명한 것이 아니다.

경제라는 요소가 비록 모든 사회 생활을 떠받치는 것이기는 하지만 구체적인 동기를 야기시키지는 않는다. 이는 사회 생활에서 경제라는 요소만큼이나 보편적인 만유인력의 법칙이 어떤 물체가 운동하게 된 구체적인 동기를 야기하지 않는 것과 마찬가지다. 물론 우리는 먹지 않으면 죽는다. 떨어지는 바위에 깔리면 그 무게로 짓눌려 죽는 것이 자명한 이치다. 하지만 굶주림으로 배를 쥐어뜯는다 해서 그 고통이 생산을 해야겠다는 동기로 자동적으로 전환되는 것은 아니다. 생산이란 개인적 차원의 문제가 아니라 집단적 차원의 문제다. 정치적 동물인 인간은 모든 면에서 자연 환경이 아니라 사회 환경에 규정을 받는다. 19세기 사람들이 굶주림과 이익을 '경제적'이라고 생각하게 된 것은, 단지 시장 경제 아래서 생산이 조직되었기 때문일 뿐이다.

시장 경제에서 굶주림과 이익은 '소득을 벌어야 하는' 필요성을 매개로 하여 생산과 결합한다. 왜냐하면 시장 경제 아래서 살아남으려면 시장에서 재화를 사지 않을 수 없으며, 재화를 사기 위해서는 다른 재화를 시장에 팔아서 얻은 소득이 있어야 하기 때문이다. 이러한 소득의 명칭은 팔려고 내놓은 물건이 무엇이냐에 따라 다양하게 변한다. 즉, 노동력, 토지, 화폐의 사용 대가로 각각 임금, 지대, 이자라는 이름의 소득을 얻는다. 기업 활동의 대가인 이윤은 어떤 물건을 팔면서 그 물건을 생산하는 데 들어간 재화의 가격보다 더 높은 가격을 받을 때 발생한다. 따라서 모든 소득은 판매를 통해 얻어지며, 모든 판매는 직접적이든 간접적이든 생산에 기여한다. 여기서 생산은 결과적으로 소득을 벌어들이는 활동의 부산물로 생겨나는 셈이 된다. 어떤 개인이 '소득을 벌어들이는' 한, 그는 자동적으로 생산에 기여하는 것이다. 결국 개인들이 소득 벌이 활동에 탐닉할 만한 이유를 찾지 못하면 생산 체제는 작동을 멈추게 된다. 굶주림과 이득이 따로따로 혹은 복합적으로 개인들에게 그 이유를 제공한다. 그러므로 이 두 가지 동기는 이런 식으로 생산 활동과 맞물려 있는 셈이고, 그에 따라 '경제적'이라고 불린다. 모든 경제 체제가 반드시 의존하게 되어 있는 동기가 굶주림과 이익뿐이라는 이야기는 억지스럽다. 그러한 가정은 근거가 없는 것이다. 여러 인간 사회를 두루 관찰해보면, 굶주림과 이익이 반드시 생산 동기로 작용하지 않음을 알게 된다. 설령 그렇게 작용한 경우라 해도 굶주림과 이익은 다른 강력한 동기들과 한데 섞여 있음을 발견하게 된다.

아리스토텔레스가 옳았다. 인간은 경제적 존재가 아니라 사회적 존재이다. 물질적 소유를 획득하는 과정에서도 인간이 노리는 것은 개인의 이익이 아니라 사회적 선의(善意),[4] 사회적 지위, 사회적 자산 등이다. 인간은 그러한 목적을 이루는 수단으로 자신의 소유물의 가치를 평가한다. 인간을 움직이는 동기는 보통 우리가 사회적 인정을 얻기 위한 노력과 연결 짓는 혼합적 성격을 띤다. 인간이 생산에 들이는 수고는 사회적 인정을 얻으려는 노력의 부산물에 불과하다. 인간의 경제는 일반적으로 사회적 관계 속에 묻어 들어가 있는 것이다. 사회의 모습이 정반대로 사회가 경제 체제에 묻어 들어간 형태로 변한 것은 전적으로 새로운 사태이다.

이제 사실의 증거를 제시해야 할 때가 된 것 같다. 첫째로, 원시 경제학에서 발견한 여러 사실들이 있다. 이 분야에서는 말리노프스키Bronislaw Malinowski와 투른발트Richard Thurnwald 두 사람의 이름이 두드러진다. 이들과 몇몇 다른 연구자들은 이 분야의 관념들을 혁명적으로 바꿔놓았으며, 그렇게 함으로써 새로운 학문 분과의 기초를 닦았다. '개인주의적 원시인'이라는 신화는 이미 오래전에 막을 내렸다. 19세기 자유주의적 인간관에 나타나는 조잡한 자기 중심주의도, 근거가 미심쩍은 거래 교환 성향이라는 것도, 심지어 생필품을 조달하려는 경향마저도 증거가 없는 것이다. 원시인의 공산주의적 심리라는 신화, 즉 원시인들은 개인의 이익을 중요하게 여기지 않았을 것이라는 가정도 마찬가지로 믿을 수 없는 것으로 밝혀졌다. (거칠게 말하자면, 인간은 모든 시대에 걸쳐서 거의 변하지 않은 듯싶다. 인간 사회의 제도들을 별개로 보지 않고 상호 관계 속에서 살펴보면, 인간은 대체로 항상 우리가 널리 이해할 수 있는 방식으로 행동해왔음을 알 수 있다.) 일반적으로 생산 체제나 경제 체제가 어떤 개인도 굶주림의 위협을 받지 않도록 짜여졌기 때문에 '공산주의'로 보였던 것이다. 개인은 사냥, 목축,

경작, 원예 등에서 이런저런 역할을 맡고, 그것이 무슨 역할인가에 상관없이 공동체의 모닥불가에 한 자리를 차지할 수 있었고 공동의 자원에서 자기 몫을 얻을 수 있었던 것이다. 몇 가지 예를 들어보자. 카피르족[5]의 크랄 토지 제도 아래서는 "궁핍이란 있을 수 없다. 도움을 필요로 하는 자는 누구든 두말할 필요도 없이 도움을 얻는다"[6] 콰키우틀족은 어느 누구도 "굶주림의 위험을 최소한이라도 겪게 되는 법이 없다."[7] "생존의 한계선에서 생활하는 사회에도 굶주림이란 없다."[8] 사실 공동체 전체가 궁핍에 빠지지 않는다면 개인이 굶주릴 위험에 처하는 법은 없다. 바로 이렇게 개인의 궁핍이라는 위협이 없었다는 점에서 어떤 의미에서는 원시 사회가 19세기보다 더욱 인간적인 동시에 덜 '경제적'인 사회인 것이다.

개인의 이익이라는 동기에 대해서도 똑같은 사실이 적용된다. 다시 몇 편의 글을 인용해보자. "원시 경제의 특징은, 교환이나 생산에서 이윤을 남기려는 어떤 욕망도 있지 않다는 것이다."[9] "문명화된 공동체에서는 이익이 간혹 노동의 동기로 기능하기도 하지만, 자연 그대로의 상태에서는 결코 노동하려는 충동을 일으키지 않는다"[10] 이른바 경제적인 동기라는 것이 인간에게 자연스러운 것이라면, 모든 초기 사회와 원시 사회는 전적으로 부자연스러운 사회였다고 말해야 할 것이다.

둘째, 위와 같은 점에서 원시 사회나 현대 사회는 차이가 없다. 고대의 도시 국가, 전제적 제국, 봉건제, 13세기의 도시 생활, 16세기의 중상주의 체제, 18세기의 규제주의(regulationism, 프랑스 콜베르 재상의 체제를 말하는 듯하다—옮긴이주) 등 그 어느 것을 보아도, 경제 체제가 사회적 영역에 통합되어 있었음을 어김없이 발견할 수 있다. 동기는 공적 의무와 사적인 책임, 종교적 계율의 준수와 정치적 충성, 법적인 책무와 군주·자치 도시·길드가 정해놓은 행정 규제 같은 다양한 원천에서 나온다. 서열과 신분, 법적 강제와 처벌의 위협, 공적인 찬양과 사적인 명성 등의 동기들이 개인들로 하여금 생산 활동에 이바지하도록 보장한다. 궁핍에 대한 두려움이나 이익을 추구하는 마음이 전혀 없어야 하는 것은 아니다. 시장은 모든 종류의 사회에서 생겨난다. 그리고 수많은 문명에서 상인은 친숙한 존재이다. 하지만 저마다 고립된 시장들이 서로 연결되어 단일한 경제를 이루지는 않는다. 용기가 기사에게 고유한 동기이며 경건함은 성직자에게, 자부심은 장인(匠人)에게 고유한 동기이듯, 이익이라는 동기는 상인에게 고유한 것이다. 이익이라는 동기를 보편적인 것으로 만들겠다는 생각 따위는 우리 조상들의 머릿속에 결코 떠오른 적이 없다. 19세기의 2/4 분기 이전의 모든 시대에 시장은 사회의 부수적인 특징으로 머물렀다.

셋째, 그 변화는 놀랄 만큼 엄청난 단절을 가져왔다. 시장의 지배라는 현상은 정도의 문제가 아니라 질적인 문제로 나타난 것이다. 자급자족하는 가정 경제에서 간혹 남아도는 물건이 있을 때 그것을 처리하는 장치였던 시장은 생산을 지휘하는 것도 또 생산자에게 안정적으로 의지할 넉넉한 소득을 가져다 주는 것도 아니다.[11] 모든 소득이 판매를 통해서만 나오고 상품들은 오로지 구매를 통해서만 얻을 수 있는 현상은 오로지 시장 경제에서만 적용되는 일이다. 저 악명 높은 1834년의 구빈법 개혁은 가부장적인 정부가 임시로 빈민들에게 베풀었던 식량 배급마저 폐지해버렸다.[12] 구빈소는 생계가 곤란한 이들에게 피난처가 아니라 수치스러운 정신적 고문을 당하는 곳으로 변해버렸다. 그 수치와 정신적 고문이 어찌나 극심했는지 차라리 굶주리는 것이 더 나을 지경이었다.[13] 빈민들은 굶주림과 노동 중에서 양자택일을 해야 했다. 이렇게 하여 경쟁적이며 전국적인 규모의 노동 시장이 창출되었고, 그로부터 10년 안에 은행 조례(1844)[14]가 금본위제의 원칙을 확립했다. 이것은 통화의 공급에서 정부의 영향력을 제거하는 것으로, 그러한 조치가 고용 수준에 미칠 엄청난 영향의 희생을 무릅쓰고 이루어졌다. 동시에, 토지법 개혁을 통해 토지는 가동성을 갖는 자산이 되었고 곡물법 철폐를 통해 세계적 차원의 곡물 조달 원천을 창출했다. 이러한 조치로 인해, 보호받지 못하는 대륙의 농민들은 시장의 변덕에 휘둘리게 되었다. 이렇게 하여 경제적 자유주의의 세 가지 교리가 확립되었다. 시장 경제의 조직 원리인 이 교리는 다음과 같은 것들이다. 노동의 가격은 시장에서 결정되어야 한다. 화폐는 자기 조정 메커니즘에 따라 공급되어야 한다. 상품들은 그로 인해 어떤 결과가 나오든 간에 나라와 나라 사이를 자유로이 이동해야 한다. 간단히 말해, 노동 시장, 금 본위제, 그리고 자유 무역이 바로 경제적 자유주의의 세 가지 교리이다. 하나의 사태가 다른 사태로 계속 이어지는 과정이 유발되었고 그 결과 원래 해롭지 않았던 시장이라는 경제 형태가 엄청난 규모의 사회학적 파괴 행위로 팽창해나간 것이다.

이러한 사실들이 '경제적' 사회의 계보를 대략적으로나마 보여준다. 이러한 조건 아래서라면 인간 세상은 필연적으로 '경제적' 동기들에 좌우될 수밖에 없다. 쉽게 설명해보자. 인간 행위의 여러 동기 가운데 아무것이나 하나를 골라, 그 동기가 개인들을 생산으로 이끄는 유인책이 되는 방향으로 생산을 조직해보라. 그러면 그 특정한 동기에 완전히 지배당하는 인간의 이미지를 거기에서 다시 귀납적으로 얻게 될 것이다. 그 동기가 종교적, 정치적 혹은 미학적인 것이라 하자. 또는 자부심, 편견, 사랑, 질시라 해보자. 그러면 인간은 본질적으로 종교적, 정치적, 미학적인 존재로 보일 것이며 자부심이나 편견에 찬 모습으로 보이거나, 사랑이나 질시에 몰두하는 모습으로 보일 것이다. 반면, 다른 동기들은 멀고 공허한 것으로 보이게 된다. 왜냐하면 그 밖의 동기들은 생산이라는 가장 중요한 과업에서 실제로 힘을 발휘해줄 것이라 의지할 수 없기 때문이다. 선별된 그 특정한 동기가 '현실의' 인간을 대표하게 될 것이다.

사실 인간은 저마다 처한 삶의 조건에 따라 갖가지 이유에서 노동을 한다. 수도승들은 종교적인 이유에서 교역을 하여 수도원을 유럽에서 가장 큰 교역 기관으로 키우기도 했다. 트로브리앙 제도의 쿨라Kula 교역[15]은 우리가 알고 있는 가장 복잡한 교역 장치의 하나로, 주로 미학적인 것을 추구하는 행위이다. 봉건 경제는 관습을 따라 돌아가도록 되어 있었다. 콰키우틀족의 경우, 부지런히 일하는 것은 주로 명예라는 목적을 이루기 위해서였던 듯하다. 중상주의적인 전제주의 아래서 산업은 종종 권력과 영광에 이바지하도록 짜여졌다. 따라서 우리는 수도승들, 농노들, 서(西)멜라네시아인들, 콰키우틀족, 17세기 정치가들이 각기 종교, 미학, 관습, 명예, 정치의 지배를 받았다고 생각하기 쉽다.

자본주의 아래서는 모든 개인이 소득을 벌어들여야만 한다. 만약 그 개인이 노동자라면, 그는 자신의 노동을 시세에 맞춰 팔아야 한다. 만약 그가 무언가를 소유하고 있다면, 그것을 통해 가능한 한 최대의 이윤을 얻어내야 한다. 왜냐하면 동료들 사이에서 그의 지위는 소득 수준에 따라 달라지기 때문이다. 굶주림과 이익——가상적 체험을 통해서라 할지라도——이 인간으로 하여금 밭을 갈고 씨를 뿌리고 실을 잣고 옷감을 짜고 석탄을 캐고 비행기를 몰도록 하는 것이다. 따라서 이러한 사회의 성원들은 자신들이 이 두 가지 동기의 지배를 받는다고 생각하기 마련이다. 그러나 실제로 인간은 그러한 이론이 요구하는 만큼 이기적이지 않다. 시장의 원리가 인간이 물질적 재화에 의존하고 있음을 부각시키기는 했지만, 인간이 단지 '경제적' 동기 때문에 노동하는 것은 아니다. 경제학자들과 공리주의적 도덕가들이 입을 모아 사업에서는 '물질적' 동기 외의 모든 동기를 무시하라고 목에 핏대를 세우며 훈계했지만, 그렇게 되지는 않았다. 좀더 면밀히 관찰해보면, 인간은 여전히 놀랄 만큼 '복합적인' 동기들에 근거해 행동한다는 사실을 분명히 알 수 있다. 이 '복합적인' 동기는 자신과 타인들에 대한 의무를 포함할 수 있고 또 노동 자체를 은근히 즐기는 것도 포함한다.

하지만 지금 우리가 논의하고 있는 것은 현실에서 작동하는 동기들이 아니라 현실에서 작동하는 것이라고 가정된 동기들이며, 심리학이 아니라 영업적 사회의 이데올로기이다. 인간의 본성에 대한 여러 관점들은 전자가 아니라 후자에 기초하고 있다. 일단 사회가 그 성원들의 일정한 행동 양식을 예측하게 되고 지배적인 사회 제도들을 통해 그 행동 양식을 대충 강제해내기에 이르면, 인간 본성에 대한 견해들은 그 행동 양식의 이념형을 반영하게 될 것이다. 그 이념형이 현실에 부합하는가 그렇지 않은가는 상관없이 말이다. 굶주림과 이익도 이와 같은 식으로 경제적 동기로 규정되었으며 인간은 매일매일의 삶에서 그 동기들에 근거하여 행동하는 것이라 가정되었다. 반면 그 밖의 동기들은 천상계(天上界)에나 속하는 영적인 것으로, 범속한 존재와는 동떨어진 것으로 보이게 되었다. 명예와 자부심, 공민(公民)으로서의 책무와 윤리적 의무, 심지어 자기 존중과 공중 도덕마저도 생산과는 무관한 것으로 여겨졌고, 의미심장하게도 '이상적'이라는 함축적인 단어로 요약되었다. 이렇게 해서 인간은 두 가지 요소로 구성되어 있다고 믿어지게 되었으니, 하나는 굶주림과 이익에 가까운 것이며 다른 하나는 명예와 권력에 가까운 것이다. 전자는 '물질적'인 것이며 후자는 '이상적'인 것이다. 전자는 '경제적'인 것이며 후자는 '비경제적'인 것이다. 전자는 '합리적'인 것이며 후자는 '비합리적'인 것이다. 공리주의자들은 이 두 쌍의 말 묶음을 확실히 정리했으며, 인간 성격의 경제적 측면에 합리성이라는 신비로운 후광을 씌우기에 이르렀다. 모두 오로지 이익만을 위해 움직인다고 생각하도록 되었고 혹시 누군가가 자신에 대해 그렇게 생각하기를 거부한다면 반사회적일 뿐만 아니라 미친 사람으로 간주되었던 것이다.

2. 경제 결정론

더욱이 시장 메커니즘은, 경제 결정론이 모든 인간 사회에 적용되는 일반 법칙이라는 잘못된 생각을 낳았다. 물론 시장 경제 아래서는 이러한 법칙이 유효하다. 사실 시장 경제 체제에서는 경제 체제의 작동이 사회의 나머지 부분에 단순히 '영향을 미치'는 정도가 아니라 아예 결정지어버린다. 삼각형의 변의 길이가 삼각형의 각도에 단지 영향을 주는 것이 아니라 아예 그 각도를 결정해버리듯이 말이다. 이제 여러 계급의 계층화가 이루어지는 과정을 보자. 노동 시장의 수요와 공급은 각각 고용주 계급 및 노동자 계급과 일치한다. 자본가, 지주, 소작인, 중개인, 상인, 전문 직업인 등은 토지, 화폐, 자본이 각각의 시장에서 활용되는 바에 의해서 그리고 다양한 용역 시장에 의해서 정해진다. 즉 시장이 이러한 사회 계급의 소득을 결정하며, 소득이 사회 계급의 지위나 위치를 결정한다. 이것은 오랜 세월 동안 이어온 관행을 완전히 거꾸로 뒤집은 것이다. 메인H. J. S. Maine의 유명한 말처럼 '계약'이 '신분'을 대체해버린 것이며, 퇴니에스Ferdinand Tönnies식으로 표현하자면 '사회'가 '공동체'를 대체한 것이다. 그리고 이 글에서 썼던 표현을 다시 쓰자면 경제 체제가 사회적 관계 속에 묻어 들어가 있는 것이 아니라 사회적 관계가 경제 체제에 묻어 들어가 있는 것이다.

사회 계급이 시장 메커니즘에 의해 직접 결정되는 데에 반해 다른 제도들은 간접적으로 결정된다. 국가와 정부, 결혼과 자녀 양육, 과학과 교육의 조직, 종교와 예술, 직업 선택, 거주 형태, 정착촌의 형태, 사적 생활에서의 미학에 이르기까지——모든 것이 공리주의적인 패턴에 순응해야만 했고 적어도 시장 메커니즘의 작동을 방해해서는 안 되는 것이었다. 그러나 그런 순수 영역이라는 진공 상태에서 벌어지는 인간의 행동은 극히 드물다. 성자라 할지라도 둥둥 떠 있을 수는 없으니 받침대라도 있어야 하는 것처럼. 그리하여 시장 체제가 미치는 간접적인 영향이 사회 전체를 결정하기에 이르렀다. '경제적' 인간이 '실제'의 인간이듯 경제 체제가 바로 '실제의' 사회라는 그릇된 결론을 피해가기가 거의 불가능하게 된 것이다.

그러나 인간 사회의 기본 제도는 단순한 동기에서 비롯되지 않는다고 보는 편이 진실에 가깝다. 개인과 가족의 생필품을 마련하는 행위가 보통 굶주림이라는 동기에 의존하는 것이 아니듯, 가족 제도 또한 성적인 동기에만 바탕을 두는 것이 아니다. 성(性)은, 다른 동기들의 통제에서 풀려난다면 인간 행동의 동기 중 굶주림과 함께 가장 강력한 것 가운데 하나이다. 아마도 그것이 다음과 같은 사실의 이유를 설명해줄 것이다. 즉, 모든 가족 제도는 그 다양한 형태에도 불구하고 결코 성적 본능——간헐적으로 생겨나며 변덕스러운——을 중심으로 형성되지 않는다. 수많은 효과적인 동기들이 한데 섞여 가족 제도를 형성하며, 그 수많은 동기들이 한데 어울려, 그토록 많은 사람의 행복이 달려 있는 가족이라는 제도가 성욕의 변덕으로 인해 파괴되는 일이 없도록 막아준다. 성행위 자체만으로는 매춘굴 이상 나올 것이 없으며, 그 경우라 해도 아마 시장 메커니즘에서 몇몇 유인(誘因)들을 끌어들여야 할 것이다. 어떤 경제 체제가 주요 원동력을 굶주림이라는 동기에 의존하고 있다면 그 체제는 동물적인 성욕에 기반한 가족 제도만큼이나 변태적인 것이리라.

경제 결정론을 모든 인간 사회에 적용하려는 노력은 망상이나 다름없다. 사회 인류학의 연구에 의해, 사용하는 생산 도구가 사실상 동일하다 해도 그 생산 도구들에 조응하는 제도는 다수라는 것이 밝혀졌다. 시장이라는 제도가 인간적 유대를 맷돌에 갈아 셀렌산(酸)으로 부식시킨 듯한 특징 없는 획일성으로 몰아넣기 전에는 제도를 낳는 인간의 창조성이 결코 멈춘 적이 없었다. 인간의 사회적 상상력이 오늘날 피로의 기색을 띠는 것도 놀랄 일이 아니다. 인간은 이제 원시시대부터 지니고 있었던 재능, 즉 사고의 탄력성과 상상력의 풍부함을 회복하지 못하게 되었는지도 모른다.

필자가 아무리 저항해도 '이상주의자'라는 오해를 받을 수밖에 없으리라는 것은 잘 알고 있다. '물질적' 동기의 중요성을 깎아내리려면 필연적으로 '이상적' 동기의 강력함에 기댈 수밖에 없는 것으로 보이기 때문이다. 하지만 이렇게 터무니 없는 오해도 없을 것이다. 굶주림과 이익은 그 자체로 특별히 '물질적'인 것은 아니다. 또 자부심, 명예, 권력 등이 굶주림과 이익보다 반드시 '고상한' 동기라고 할 수도 없다.

이러한 이분법은 임의적인 것이다. 성행위의 비유를 다시 한번 들어보자. 분명히 여기에서도 '고상한' 동기와 '저열한' 동기를 현저하게 구별해볼 수 있다. 그러나 굶주림이든 성행위이든, 인간 존재의 '물질적' 요소와 '이상적' 요소의 구별을 아예 제도화해버리면 사회의 파멸을 불러오게 된다. 이러한 진리는 성행위에 있어서는 인간의 본질적인 총체성에 너무나 중요하므로 항상 인식되어왔던바, 그것을 기초로 하여 결혼 제도가 있어왔던 것이다. 하지만 똑같이 중요한 경제 영역에서는 이러한 진리가 무시되었다. 이 후자의 영역은 사회에서 '떨어져나가' 굶주림과 이익의 영역이 되어버렸다. 우리가 다른 동물들처럼 식량에 의존한다는 사실이 드러났고, 굶주림에 대한 적나라한 두려움이 활개를 치도록 방기되었다. 모든 인간 문화는 그 '물질적인 것'을 완화시키는 것을 목표로 함에도 불구하고 우리는 그 '물질적인' 것의 노예가 되는 모욕적인 사태가 벌어지고 말았으며, 그러한 노예화는 신중한 숙고를 거쳐 더욱 엄격하게 진행되었다. 이것이 토니R. H. Tawney가 경고한 바 있는 '물욕에 병든 사회sickness of an acquisitive society'의 바탕을 이루는 것이다. 그리고 백 년 전 로버트 오언Robert Owen이 이윤 동기를 '개인 및 공공의 행복에 전적으로 해로운 원리'라고 꿰뚫어본 것은 그의 천재성의 최정점이었다고 할 만하다.

3. 사회 실재의 현실

앞에서 말한 것처럼 여러 동기들이 통일되어 있는 상태를 복구하여 생산자로서의 일상 활동에서 인간들에게 활력과 열의를 불어넣어줄 것을 필자는 주창하고자 한다. 또 경제 체제를 사회 안으로 흡수할 것을 주창한다. 산업 사회라는 환경에 맞도록 우리의 생활 방식을 창조적으로 적응시킬 것을 주창한다.

이런 것들을 모두 고려해볼 때 자유 방임 철학과 그 현실적 귀결인 시장 사회는 결국 무너지고 만다. 자유 방임 철학은 생명이 깃들어 있는 인간이라는 통일체를, 물질적 가치에 경도된 '현실적' 인간과 좀더 선한 '이상적'인 자아로 찢어놓은 책임이 있다. 그리고 어느 정도는 무의식적으로 경제 결정론이라는 편견을 키움으로써 우리의 사회적 상상력을 마비시키고 있다. 자유 방임 철학이 우리에게 해줄 수 있는 일은 이미 지나가버린 산업 문명의 시대에 끝났다. 그것은 인간을 가난하게 만든 대신 사회를 부유하게 만들었다. 오늘날 우리는 생활의 충만함을 인간에게 되돌려주어야 한다는 과제를 안고 있다. 비록 기술적으로는 효율성이 덜한 사회가 되더라도 말이다. 이제 여러 나라들은 저마다 다른 방식으로 고전적 자유주의를 버리고 있다. 우익, 좌익, 중도파 모두 새로운 활로를 모색하고 있다. 영국의 사회 민주주의자들, 미국의 뉴딜주의자들, 유럽의 파시스트들 그리고 다양한 '경영자주의managerialism' 조류의 미국의 반(反)뉴딜주의자들 모두 자유주의적 유토피아를 거부하고 있다. 러시아와 관련된 것이라면 무조건 거부하는 오늘날의 정치적 분위기 때문에 산업 사회라는 환경의 몇 가지 근본적 측면에서 러시아인들이 창조적으로 적응해낸 성과를 무시해서는 안 된다.

일반적으로 보아 '국가의 사멸'이라는 공산주의자들의 기대는 자유주의적 유토피아주의의 요소와 제도화된 자유에 대한 현실적 무관심이 결합하여 발생된 것 같다. 국가의 사멸에 대해서 보자. 산업 사회가 복합 사회라는 점은 부인할 수 없다. 중앙에 조직된 권력이 없다면 복합 사회가 존재할 수 없다는 것도 분명한 사실이다. 하지만 이러한 사실이 공산주의자들이 제도로 보장되어야 할 구체적인 여러 자유의 문제를 슬쩍 넘어가는 것에 대한 변명이 될 수는 없다. 우리는 바로 이러한 현실주의의 수준에서 개인의 자유라는 문제에 대처해야 한다. 권력과 강제가 없는 인간 사회란 있을 수 없으며, 폭력이 작동하지 않는 사회도 있을 수 없다. 자유주의 철학은 그런 사회가 가능하다는 본질적으로 유토피아적 인 기대를 충족시킬 것을 약속하는 듯한데, 이 점에서 우리의 이상을 그릇된 방향으로 이끌었던 것이다.

그렇지만 시장 체제에서 전체로서의 사회는 눈에 보이지 않는 채로 남아 있다. 어떤 사람이 만약 국가의 어떤 강제적 조치에 자신이 개인적으로 반대 의견을 가지고 있었다면 자신은 그 조치에 대해 아무런 책임이 없다고 생각할 수도 있다. 또 사회에 실업과 빈곤이 창궐한다 해도 그런 사태로 인해 개인적으로 이득을 보지 않았다면 자신에게는 아무 책임이 없다고 생각할 수도 있을 것이다. 개인의 차원에서 보자면, 그는 권력과 경제적 가치가 낳은 온갖 악에 엮여들지 않은 채로 남아 있다. 그는 자신의 상상 속에서나 존재하는 개인적 자유의 이름으로 양심에 거리낌도 없이 그러한 악들의 현실을 부인할 수도 있다. 사실 권력이나 경제적 가치라는 문제는 사회적 차원의 문제틀paradigm에 속하는 것이다. 권력도 경제적 가치도 인간의 의지 작용에서 생겨나는 것이 아닌바, 이런 문제들에 대해 개인적 차원에서 비(非)협조를 감행한다는 것은 가능한 일이 아니다. 집단의 생존에 필수적인 만큼 성원들의 복종을 확실하게 이끌어내는 것이 권력의 기능이다. 흄David Hume이 말했듯이, 권력의 궁극적인 원천은 성원들의 개인적 견해이다. 어느 누가 아무 견해도 없이 살아갈 수 있겠는가? 어떤 사회에서든 생산된 재화의 유용성을 보증해주는 것은 경제적 가치이며, 이것이야말로 노동 분업을 가능하게 해주는 표식이다. 경제적 가치의 원천은 인간의 욕구이다. 우리는 어떤 물건을 다른 물건보다 선호할 수밖에 없다. 어떤 사회에서 살고 있든 견해나 욕망을 품게 된다면 이는 즉시 권력을 창출하고 가치를 구성하는 과정에서 한몫을 맡게 되는 셈이다. 이를 피할 수 있는 종류의 자유란 생각도 할 수 없다. 사회에서 권력과 강제를 금지시키려 드는 이상(理想)은 애초부터 현실에서는 아무런 힘을 갖지 못한다. 시장을 중심으로 사회를 바라보는 시각은 이러한 한계를 무시해버림으로써 본질적인 미숙성[16]을 드러낸다.

4. 산업 사회에서의 자유

시장 경제의 붕괴는 두 가지 자유를 위태롭게 하고 있다. 그중 한쪽은 좋은 것이며 다른 한쪽은 나쁜 것이다.

동료들을 착취할 자유, 공동체에 상응하는 봉사를 하지도 않은 채 턱없이 과다한 이익을 취할 자유, 기술 발명이 공공의 혜택을 위해 사용되는 것을 막을 자유, 사적인 이익을 위해 은밀한 공작으로 공공에게 재난이 될 일을 일으키고 그 재난에서 이윤을 취할 자유는 자유 시장과 함께 사라질지도 모른다. 이는 환영할 만한 일이다. 하지만 이러한 자유들이 판을

칠 수 있었던 시장 경제는, 우리에게 아주 소중한 자유들을 창출하기도 했다. 양심의 자유, 언론의 자유, 집회의 자유, 단결의 자유, 직업을 선택할 자유——우리가 그 자체로 소중히 여기는 이러한 자유의 대부분은, 사악한 자유들을 만들어낸 책임이 있는 그 시장 경제의 부산물이기도 한 것이다.

사회 안에 경제라는 분리된 영역이 존재하게 됨에 따라 정치와 경제, 정부와 산업 사이에 틈새가 벌어지게 되었다. 그 간격은 주인 없는 땅의 성격을 갖는 것이었다. 교황과 황제가 통치권을 나누어 가짐으로써 중세의 군주들은 자유를 누릴 수 있었고, 간혹 무정부 상태에 가까이 가기도 했다. 마찬가지로 19세기에 들어 정부와 산업이 권력을 나누면서 빈민들까지 자유를 누리게 되었고 이는 빈민들의 비참한 지위를 부분적으로나마 보상하는 것이었다. 자유의 미래를 어둡게 보는 근자의 회의주의자들의 주장은 이러한 사실에 바탕을 두고 있다. 하예크F. A. von Hayek 같은 이들은 자유를 담보해주는 제도들은 시장 경제의 산물이므로 일단 시장 경제가 사라지면 자유의 제도들은 반드시 노예제에 자리를 물려주게 되어 있다고 주장한다.[17] 다른 한편에서는, 번햄J. Burnham을 비롯한 사람들이 '경영자주의'라고 불리는 새로운 형식의 노예제가 불가피하다고 주장한다.[18]

이런 식의 주장들은 단지 경제주의의 편견이 아직도 얼마나 맹위를 떨치고 있는지를 보여주는 증거에 불과하다. 앞에서 본 대로 그러한 결정론은 시장 메커니즘의 또 다른 이름이기 때문이다. 시장 메커니즘이 지배하는 사회에서 경제적 필연성이라는 개념을 도출해놓고서, 시장 메커니즘이 없어졌을 때 생겨날 결과들을 그 경제적 필연성의 힘이라는 개념을 통해 논하는 것은 논리적이라고 보기 힘들다. 또 그러한 결정론들은 앵글로-색슨 지역의 경험과도 어긋난다. 노동을 동결하는 조치도 의무 병역 제도도 미국 민중들에게 필수적인 자유를 빼앗지 않았다. 이는 1940~1943년의 가혹한 시기에 미국에서 지낸 이들이 증언하는 바다. 영국은 전쟁 기간에 전면적인 계획경제를 도입했고 19세기의 자유를 낳았던 정부와 산업의 분리를 없앴다. 하지만 그 어느 때와 비교해봐도, 공공의 자유가 위기가 고조된 기간만큼 확실히 보장된 적은 없었다. 진실로, 우리는 우리가 창출하고 지키기를 원하는 만큼의 자유를 얻을 것이다. 인간 사회에 단일한 결정 요소란 없다. 모든 경제 체제는 개인의 자유를 제도적으로 보장하는 것과 양립할 수 있다. 경제적 메커니즘이 모든 법칙을 결정해버렸던 것은 단지 시장 사회에서만 일어난 일이다.

우리 세대에게 자본주의의 문제처럼 보이는 것은 사실은 훨씬 더 포괄적인 산업 문명의 문제다. 경제적 자유주의자는 이 점을 보지 못한다. 경제 체제로서 자본주의를 옹호하느라 기계제 시대의 도전을 무시해버리는 것이다. 하지만 아무리 용감한 자라도 벌벌 떨 수밖에 없는, 현대가 처한 위험은 이미 경제 영역을 넘어서고 있다. 독점 금지와 테일러화Taylorization[19]에 관한 목가적인 소박한 염려 대신 원자폭탄을 두려워해야 할 때가 왔다. 과학적 야만주의가 우리가 가는 곳마다 뒤를 바짝 따라오고 있다. 얼마 전 독일인들은 태양이 죽음의 광선을 내뿜도록 만드는 장치를 계획한 바 있지만, 사실 우리는 태양빛마저 무색하게 만드는 죽음의 광선을 폭발시키고 말았다. 그러나 독일인들은 사악한 철학을 가지고 있었고 우리는 인간적인 철학을 가지고 있다. 바로 그렇기 때문에 우리는 우리의 재난이 상징하는 바가 무엇인지를 읽어내는 법을 배워야 한다.

문제가 어떤 차원의 것인지를 인식하고 있는 사람들은 미국에서 두 갈래로 나뉜다. 한쪽에서는 엘리트주의와 귀족주의 그리고 경영자주의와 조합주의를 신봉한다. 그들은 사회 전체가 경제 체제에 좀더 가까워지도록 조정되어야 한다고 생각하며 경제 체제 그 자체는 바뀌지 않기를 바란다. 이것이야말로 멋진 신세계의 이상으로서 여기에서 개인은 자기보다 현명한 자들이 그를 위해 짜준 질서를 지지하도록 조종당한다. 반대로, 다른 편에 있는 사람들은 진정으로 민주적인 사회에서는 생산자와 소비자들이 스스로 계획하여 조정함으로써 산업의 문제를 해결할 수 있다고 믿는다. 사실 이처럼 의식적이고 책임 있는 행동이야말로 복합 사회에서 자유를 체현하는 것이다. 하지만 이 글에서 암시한 바 있듯이, 만약 우리가 인간과 사회에 대한 총체적인 관점——이는 우리가 시장 경제에서 물려받은 사고방식과는 매우 다르다——으로 단련하지 않는다면 그러한 노력은 성공할 수 없을 것이다.

제2장

거대한 변형 중에서

자기 조정 시장이라는 아이디어는 한마디로 유토피아를 의미한다는 것이 우리의 주장이다. 그런 제도가 잠시나마 존재하게 되면 사회의 인간적이고 자연적인 실체는 없어지고 만다. 인간은 그야말로 물리적으로 파괴당할 것이며 환경은 쑥밭이 될 것이다. 사회는 어쩔 수 없이 스스로를 보호하기 위한 조치를 취했는데, 그렇게 하는 족족 시장의 자기 조정 기능은 손상을 입고 산업의 일상적 작동이 무너지는 바람에 다른 방향으로 사회를 위태롭게 하기에 이르렀다. 바로 이러한 딜레마로 인하여 시장 체제의 발전이 정해진 길을 따라 흘러가 마침내 그 시장 체제에 기반을 둔 사회 조직을 무너뜨리기에 이른 것이다.

—《거대한 변형*The Great Transformation*》, 3~4쪽

1. 자기 조정 시장 그리고 허구적 상품 : 노동, 토지, 화폐

경제 체제와 시장에 대해 이처럼 간략하게 살펴보기만 해도, 우리 시대 이전에는 시장이 경제 생활에서 부속품에 지나지 않았음을 알 수 있다. 일반적으로 경제 체제는 사회 체제에 흡수되어 있었으며, 시장 형태가 현존한다 하더라도 그것은 경제를 주도하는 행위 원리에 적합하도록 되어 있었다. 물물 교역이나 교환이라는 원리는 시장 형태의 기초를 이루는 것이지만 결코 시장 외의 형태를 없애가면서까지 확산되지는 않았다. 중상주의 체제처럼 시장이 고도로 발전한 경우에도 중앙 집권화된 행정 체제의 통제 아래에서만 번성했으며, 이 행정 체제는 농민들의 가정 경제household에 대해서도 또 국가 차원의 생존에 대해서도 자급자족을 장려했다. 규제와 시장은 함께 자라난 셈이다. 사람들은 자기 조정 시장에 대해서는 알지 못했다. 사실 자기 조정이라는 관념의 출현은 시장 발전에 있어서 중상주의의 일반적 경향을 완전히 뒤집어버린 것이었다. 이와 같은 사실을 염두에 둘 때에만 비로소 시장 경제를 떠받치고 있는 독특한 전제들을 충분히 이해할 수 있게 된다.

시장 경제란 오로지 시장만이 통제하고 조정하며 방향을 결정하는 경제 체제이다. 재화의 생산과 분배의 질서는 이 자기 조정 메커니즘의 손에 맡겨진다. 이런 종류의 경제는 인간은 가장 큰 화폐 이익을 얻기 위해 행동한다는 생각에 바탕을 두고 태어났다. 이는 정해진 가격에서 주어지는 재화(용역을 포함한다)의 공급이 그 가격에서의 수요와 일치하게 되어 있음을 가정한다. 또 구매력의 기능을 갖는 화폐의 존재를 가정한다. 이렇게 되면 생산을 지휘하는 이들의 이윤이 가격에 의해 결정되므로 가격이 생산을 통제하게 된다. 게다가 소득을 형성하는 것은 가격인데, 생산된 재화는 이 소득의 힘을 빌려서 사회 성원들에게 분배되므로 재화의 분배 또한 가격이 좌우하게 된다. 따라서 자기 조정 시장을 전제한다면, 오로지 가격을 통해서만 재화의 생산 및 분배 질서가 보장되는 것이다.

자기 조정이라는 말은 모든 생산이 시장에서의 판매를 목적으로 한다는 것, 모든 소득은 그러한 판매에서 나온다는 것을 함축한다. 따라서 산업의 모든 요소를 위한 시장이 존재한다. 즉 재화(용역은 항상 포함된다) 시장뿐만 아니라 노동, 토지, 화폐가 판매되는 시장이 존재하며, 그 가격은 각각 상품 가격, 임금, 지대, 이자라는 이름으로 불리게 되는 것이다. 이러한 용어들 자체가 소득이 가격에 의해 형성된다는 사실을 나타낸다. 이자는 화폐를 사용하는 데 따르는 가격으로, 화폐를 제공하는 사람들의 소득을 형성한다. 지대는 토지 사용의 가격이며 토지를 공급하는 자들의 소득을 형성한다. 임금은 노동력 사용의 가격이며 노동력을 판매하는 자들의 소득을 형성한다. 마지막으로 상품 가격은 기업가적 서비스를 판매하는 자들의 소득이 되는데, 이윤이라고 불리는 이 소득은 사실상 두 묶음의 가격, 즉 생산된 재화의 가격과 그 생산 비용(재화를 생산하는 데 필요한 재화의 가격) 사이의 차액이다. 만약 이러한 조건들이 충족된다면 모든 종류의 소득은 시장에서의 판매로부터 나오며 이 소득은 생산된 재화를 모두 구매하는 데 충분할 것이다.

국가와 그 정책에 관해서는 한 묶음의 전제가 더 따라붙는다. 시장 형성을 위축시키는 것은 절대 허용되어서는 안 되며, 소득은 오로지 판매를 통해서만 형성되도록 해야 한다. 또 재화의 가격이나 토지, 노동, 화폐 그 어떤 것의 가격이 변화된 시장 조건에 발맞춰 변하는 것도 결코 방해 받아서는 안 된다. 따라서 산업의 모든 요소들에 시장이 형성되어야 할 뿐만 아니라,[20] 그 시장들의 활동에 영향을 미칠 수 있는 어떤 정책이나 법안이 있어서는 안 되는 것이다. 가격도, 공급도, 수요도 고정되거나 규제를 받아서는 안 된다. 자기 조정 시장과 조화를 이루는 정책과 법안이란, 시장이 경제 영역을 조직하는 유일한 권력이 되는 데 필요한 조건들을 창출함으로써 시장의 자기 조정이 확실히 이루어지도록 도움을 줄 수 있는 것들뿐이다.

이것이 무엇을 뜻하는지 깨닫기 위해서, 잠시 중상주의 체제와 그 체제가 그토록 발전시키려고 애썼던 전국적 시장이라는 문제로 되돌아가보자.[21] 봉건제 및 길드 체제 아래서는 토지와 노동이 사회 조직 자체의 일부를 형성하고 있었다(화폐는 아직 산업의 주요 요소로는 발전하지 못한 상태였다). 토지는 봉건 질서의 중추적인 요소로서 군사, 법률, 행정, 정치 체제의 바탕을 이루었으며, 그 지위와 기능은 법률과 관습의 규칙들이 결정했다. 토지의 소유를 이전할 수 있는가 없는가, 만약 이전할 수 있다면 누구에게 어떤 제약 아래서 가능한가, 소유의 권리에는 어떤 것들이 수반되는가, 특정 종류의 토지들은 어떤 용도로 사용할 수 있는가——이 모든 질문은 구매와 판매의 조직과는 전적으로 다른 제도적 규제의 집합에 종속되는 문제들이었다.

노동 조직도 마찬가지였다. 길드 체제에서는 그 이전의 모든 경제 체제에서와 마찬가지로 생산 활동의 동기와 환경이 사회의 일반적인 조직에 묻어 들어가 있었다. 마스터·도제·부유 장인(浮遊匠人)의 관계, 생산 기술에 관한 조건들, 도제의 수, 노동자들의 임금 등 모든 것이 길드와 도시의 관습과 규칙의 규제를 받았다. 중상주의 체제가 한 일이라고는 영국에서처럼 법령을 사용하거나 프랑스에서처럼 길드를 '전국화'함으로써 길드와 도시마다 다른 그 조건들을 통일시킨 것뿐이었다. 토지의 봉건적 지위의 철폐는 오로지 지방의 특권과 관련된 경우에만 제한되었다. 그렇지 않은 경우 토지는 프랑스에서처럼 영국에서도 매매 불가능한 extra commercium

것으로 남아 있었다. 프랑스에서는 1789년의 대혁명 시기까지도 토지에 바탕을 둔 신분이 사회적 특권의 원천이었으며, 심지어 이후에도 영국의 토지에 관한 관습법common law은 본질적으로 중세와 같은 성격을 띠었다. 중상주의는 상업화를 지향했음에도 불구하고, 토지와 노동이라는 두 가지 기본적인 생산 요소가 상업적으로 거래되는 것을 막고 있던 보호장치들은 결코 건드리지 않았다. 영국에서는 직인조례(Statute of Artificers, 1563)와 구빈법(Poor Law, 1601)이 노동 관련 입법을 '전국화'함으로써 노동을 위기에서 구해냈다. 튜더 왕조와 초기 스튜어트 왕조의 반종획(反綜劃, anti-enclosure) 정책은 토지 소유의 영리적 활용이라는 원칙에 일관되게 맞선 저항이었다.

중상주의가 국가 정책으로 상업화를 강력하게 추진했음에도 불구하고 시장을 바라보는 사고방식은 시장 경제와 정반대였다는 것은, 중상주의 체제에서 국가가 산업에 더 광범위하게 개입했다는 사실에서 잘 드러난다. 이 점에서는 중상주의자들과 봉건주의자들, 왕권하의 경제 계획 입안자들과 봉건적 기득권 세력, 중앙 집중적인 관료들과 보수적인 지역 중심주의자들 사이에 아무 차이가 없었다. 다만 어떤 방법으로 규제할 것인가 하는 점에서 차이가 있을 뿐이었다. 길드, 도시, 지방 등이 관습과 전통의 힘에 호소하려 들었던 반면, 새로 나타난 국가의 권위는 법령과 포고를 선호했다. 하지만 이들은 한결같이 노동과 토지의 상업화라는 관념에는 혐오감을 가지고 있었는데, 이 관념이야말로 시장 경제의 전제 조건이었다. 프랑스에서는 1790년이 되어서야 비로소 기술자 길드와 봉건적 특권이 폐지되었다. 영국에서는 1813~1814년에 직인조례가 철회되었고 엘리자베스 시대의 구빈법은 1834년에야 사라졌다. 두 나라 모두 18세기의 마지막 10년에 이르기 전에는 자유로운 노동 시장이라는 것을 이야기한 적이 없었고, 경제 생활을 자기 조정 메커니즘에 맡긴다는 생각은 전혀 상상도 할 수 없었다.[22] 중상주의자들은 나라의 자원을 개발하고 교역과 통상을 통해 완전 고용을 이루는 데 특히 관심을 기울였으므로 노동과 토지를 전통적인 방식으로 조직하는 것을 당연하게 여겼다. 중상주의자들은 정치 영역에서도 그러했지만 바로 이 점에서 현대적 관념과는 동떨어진 이들이었다. 당시 정치 영역에서 민주주의의 가능성이 서서히 보이기 시작했음에도 불구하고 계몽된 전제 군주가 절대 권력을 가져야 한다는 이들의 신념은 요지부동이었다. 민주주의 체제와 대의정치로의 이행이 당대의 흐름을 완전히 뒤집어놓았던 것과 마찬가지로, 19세기 말 규제받는 시장에서 자기 조정 시장으로 변한 것은 사회 구조의 완전한 변형을 대표하는 사건이었다.

자기 조정 시장이 요구하는 것은 바로 사회를 정치 영역과 경제 영역으로 제도적으로 분리하는 것이다. 사회 전체의 관점에서 보면 이러한 양분법은 결국 자기 조정 시장이 존재한다는 사실을 달리 말한 것에 지나지 않는다. 어떤 이들은 모든 시대, 모든 사회에서 두 영역을 분리하는 일이 가능하다고 주장할지도 모르겠다. 하지만 그런 추론은 오류에 바탕을 둔 것이다. 물론 어떤 사회가 존재하기 위해서는 재화의 생산과 분배에 질서를 잡아줄 체제가 있어야 한다. 하지만 그런 사실이 사회에 분리된 경제적 제도들이 존재함을 의미하지는 않는다. 보통 경제 질서란 사회적인 것들the social의 한 기능일 뿐이며, 그 사회적인 것들 속에 경제 질서가 이미 포함되어 있는 것이다. 우리가 이미 밝힌 대로[23] 부족 사회든 봉건 사회든 중상주의적 조건 아래서든 사회에서 경제 체제가 분리된 적은 없었다. 경제 활동이 분리되어 다른 경제적 동기를 부여받았던 19세기 사회는 실로 독특한 일탈이라고 할 수 있다.

이러한 제도 유형은 사회가 그 제도의 요구 사항들에 복종할 때에만 작동할 수 있다. 시장 경제는 오로지 시장 사회에서만 존재할 수 있다. 우리는 시장 유형을 분석하면서, 일반적 관점에서 같은 결론에 이른 바 있다. 이제 그러한 주장의 논리들을 자세히 설명할 때가 되었다. 시장 경제는 노동, 토지, 화폐를 포함한 산업의 모든 요소를 포괄해야 한다(시장 경제에서는 화폐도 산업의 일상적 작동에 필수적인 요소이며, 뒤에서 살펴보겠지만[24] 화폐를 시장 메커니즘에 포함시키는 바람에 광범위한 제도상의 결과를 낳았다). 하지만 노동이란 사회를 구성하는 인간 자체이며, 토지란 그 안에 사회가 존재하는 자연 환경일 뿐이다. 이것들을 시장 메커니즘에 포함시킨다는 것은 사회의 실체를 시장의 법칙 아래 둔다는 뜻이다.

우리는 이제 시장 경제의 제도적 본성과 그것이 사회에 어떤 재난을 불러올 것인지 좀더 구체적으로 살펴볼 수 있는 단계에 이르렀다. 먼저 산업 생활의 실제 요소들을 시장 메커니즘이 어떻게 통제하고 방향을 제시하는지 살펴본 다음, 그러한 메커니즘이 지배하는 사회에 어떤 결과가 올지 가늠해보자.

시장의 메커니즘은 상품이라는 개념의 도움으로 비로소 산업 생활의 다양한 요소들과 맞물리게 된다. 상품은 여기서 경험적으로 정의되어, 시장에서 판매하기 위해 생산한 물건이라는 의미를 갖는다. 시장도 판매자와 구매자의 실제 접촉이라고 경험적으로 정의된다. 따라서 모든 산업의 요소들은 이미 판매를 위해 생산된 것으로 간주되는데, 그렇게 해야만 그 요소들이 모두 가격과 상호 작용하는 수요와 공급의 메커니즘에 따르게 되기 때문이다. 현실적으로 이는 모든 산업 요소를 위한 시장이 있어야 한다는 뜻이다. 다시 말해 그 시장들에서 각 요소들은 수요자와 공급자의 집단으로 조직되며, 모든 요소가 수요, 공급과 상호 작용하는 가격을 갖는다는 뜻이다. 무수히 많은 이 시장들은 서로 연결되어 총체적 시장One Big Market[25]을 형성한다.

결정적인 핵심은 다음과 같다. 노동, 토지 그리고 화폐는 산업의 필수 요소이며, 이것들도 시장에서 조직되어야 한다. 사실 이 시장들이야말로 경제 체제에서 무엇보다도 중요한 부분을 형성한다. 그러나 토지, 노동, 화폐는 분명 상품이 아니다. 매매되는 것들은 모두 판매를 위해 생산된 것일 수밖에 없다는 가정이 이 세 가지에 관한 한 적용될 수 없다. 다시 말해, 상품에 대한 경험적 정의를 따르자면 이 세 가지는 상품이 아니다. 노동이란 인간 활동의 다른 이름일 뿐이다. 인간 활동은 인간의 생명과 함께 붙어다니는 것이며, 판매를 위해서가 아니라 전혀 다른 이유에서 생산되는 것이다. 게다가 그 활동은 생명의 다른 영역과 분리할 수 없으며, 비축할 수도 없고, 사람과 떼어내어 동원될 수도 없다. 그리고 토지란 단지 자연의 다른 이름일 뿐인데, 자연은 인간이 생산할 수 있는 것이 아니다. 마지막으로 현실의 화폐는 그저 구매력의 징표일 뿐이며, 구매력이란 은행업이나 국가 금융의 메커니즘에서 생겨나는 것이지 생산되는 것이 아니다. 이들 중 어떤 것도 판매를 위해 생산되는 것이 아니다. 그러므로 노동, 토지, 화폐를 상품으로 묘사하는 것은 전적으로 허구이다.

그렇다 하더라도 노동, 토지, 화폐가 거래되는 현실의 시장들은 바로 그러한 허구의 도움을 얻어 조직된다.[26] 이것들은 시장에서 실제로 판매되고 구매되고 있으며, 그 수요와 공급은 현실에 존재하는 수량이다. 어떤 법령이나 정책이든 그러한 요소 시장이 형성되는 것을 억제한다면, 결과적으로 시장 체계의 자기 조정을 위태롭게 만든다. 따라서 이러한 상품 허구는 사회 전체와 관련하여 결정적인 조직 원리를 제공하는 셈이며, 이 원리는 사회의 거의 모든 제도에 매우 다양한 방식으로 영향을 미친다. 즉, 시장 메커니즘이 현실 세계에서 상품 허구의 원칙대로 작동하는 것을 방해하는 것이라면 그것은 어떤 제도나 행위도 결코 허용하지 않는다.

그런데 노동, 토지, 화폐에 관해서는 이런 원리를 적용할 수 없다. 인간과 자연 환경의 운명이 순전히 시장 메커니즘 하나에 좌우된다면, 결국 사회는 폐허가 될 것이다. 구매력의 양과 사용을 시장 메커니즘에 따라 결정하는 것도 같은 결과를 낳는다. 비록 사람들은 '노동력'도 똑같은 상품이라고 우겨대지만, 일하라고 재촉하거나 마구 써먹거나 심지어 사용하지 않고 내버려두거나 어쨌건 그 특별한 상품을 몸에 담은 인간 개개인은 반드시 영향을 입게 마련이다. 이런 체제 아래서, 인간의 노동력을 소유자가 마음대로 처리하다 보면, 노동력이라는 꼬리표를 달고 있는 '인간'이라는 육체적, 심리적, 도덕적 실체마저 소유자가 마음대로 처리하게 된다. 인간들은 갖가지 문화적 제도라는 보호막이 모두 벗겨진 채 사회에 알몸으로 노출되고 결국 쇠락해간다. 그들은 악덕, 인격 파탄, 범죄, 굶주림 등을 거치면서 격동하는 사회적 혼란의 희생물이 된다. 자연은 그 구성 원소들로 환원되어버리고, 주거지와 경관은 더럽혀진다. 또 강이 오염되며 군사적 안보는 위협당하고 식량과 원자재를 생산하는 능력도 파괴된다. 마지막으로, 구매력의 공급을 시장 기구의 관리에 맡기게 되면 영리 기업들은 주기적으로 파산하게 될 것이다. 원시 사회가 홍수나 가뭄으로 인해 피해를 입었던 것처럼 화폐 부족이나 과잉은 경기에 엄청난 재난을 가져올 것이기 때문이다. 노동 시장, 토지 시장, 화폐 시장이 시장 경제에 '필수적'이라는 점은 의심의 여지가 없다. 하지만 인간과 자연이라는 사회의 실체와 경제 조직이 보호받지 못한 채 그 '악마의 맷돌'에 노출된다면, 어떤 사회도 무지막지한 상품 허구의 경제 체제가 몰고 올 결과를 한순간도 견뎌내지 못할 것이다.

이처럼 극단적인 시장 경제의 인위성은 생산 과정 자체를 판매와 구매라는 형식으로 조직한다는 사실에 뿌리를 두고 있다.[27] 상업 사회에서 시장을 위한 생산을 조직하는 데 다른 방법이 있을 수는 없다. 중세 후기에 수출을 목적으로 한 산업 생산은 부유한 시민들이 조직한 것이었다. 이들은 자신이 살고 있는 도시 안에서 직접 감독하여 생산을 수행했다. 나중에 중상주의 사회에서는 상인들이 생산을 조직했고 생산 활동은 더 이상 도시에 제한되지 않았다. 이는 '선대제putting out' 시대로서, 상업 자본가들이 가내 산업에 원자재를 공급하고 또 순수한 상업적 영리 행위로[28] 가내 산업의 생산 과정을 통제했다. 상인들이 확실하게 산업 생산을 주도하여 생산을 대규모로 조직하게 된 것도 바로 이때였다. 상인들은 시장에 정통했고 수요량뿐 아니라 그 질에 대해서도 잘 알고 있었다. 가내 산업에 공급할 물품이 단지 실과 푸른 물감일 때도 있고 거기에 방직기나 편물틀이 추가될 때도 있었지만, 상인들은 분명히 모든 것을 조달할 수 있었다. 이 조달이 원활하지 않을 때 가장 타격을 입는 것은 당분간 일거리가 없어져버린 가내 생산자들이었다. 하지만 상인들이 생산의 책임을 떠맡는다 해도 거액을 투자하여 공장을 짓거나 하지는 않았으니 그들이 큰 위험을 무릅쓴 것은 아니었다. 수백 년 동안 이 선대제의 힘과 규모가 커짐으로써 마침내 영국의 주요 수출품인 양모 산업이 전국적으로 큰 영역을 차지하게 되었고, 직물 판매업자가 생산을 조직하기에 이르렀다. 생산 행위를 조직하는 데 다른 동기가 필요했던 것이 아니라, 사고 파는 자들이 돈을 버는 과정에서 생산이 부수적으로 이루어졌던 것이다. 재화를 창출하는 과정에는 서로를 이롭게 하는 상부상조의 태도나 가족을 부양할 책임을 맡은 가장의 걱정이 포함되어 있는 것이 아니었다. 또 자기 직종에 몰두하는 기술자의 자부심이나 공적인 찬사를 받는 데서 오는 만족감이 들어가 있는 것도 아니었으며, 단지 사고 파는 것이 직업인 이들에게 낯익은, 이익이라는 범속한 동기가 있을 뿐이었다. 18세기 말까지 서유럽에서 산업 생산은 단지 상업의 부산물이었다.

기계가 여러 용도로 쓰이는 값싼 도구인 한에서는 그런 상황에 변화가 없었다. 기계를 써서 같은 시간에 더 많이 생산할 수 있다면 가내 생산자는 기계를 써서 소득을 높이고 싶어할 수도 있다. 그러나 그런 사실만으로 생산 조직의 성격이 반드시 영향을 받는 것은 아니었다. 기계를 노동자가 갖느냐 상인이 갖느냐에 따라 각자의 사회적 위치가 다소 달라지기는 했고, 노동자의 소득은 확연히 달라졌던 것이 사실이었다. 하지만 기계 소유의 중요성 때문에 상인들이 산업자본가로 변신할 것인지 아니면 기존의 산업자본가들에게 돈만 빌려줄 것인지 결단을 내려야 할 만큼 압박을 느낀 것은 아니었다. 재화의 판로가 무너지는 법은 거의 없었다. 문제가 있는 쪽은 항상 원자재 공급이었다. 때때로 어쩔 수 없이 공급이 끊기기도 했다. 하지만 그런 경우라 해도 기계를 소유한 상인들이 입은 손실은 대단한 것이 아니었다. 상인이 산업과 맺는 관계가 완전히 바뀌게 된 것은 기계의 도래 때문이 아니라 특수한 용도에 맞도록 정교하게 제작된 기계와 공장이 들어섰기 때문이다. 비록 상인들이 새로운 생산 조직을 도입하기는 했지만——이 점은 그 뒤 나타난 사회적 변형의 모든 과정을 결정한 중요한 사실이다——정교한 기계와 공장을 사용한다는 것은 이미 공장제의 발전을 전제로 하는 것이었고, 공장제의 발전과 더불어 상업과 산업의 관계에서 산업이 상대적으로 더 중요하게 되었다. 산업 생산은 더 이상 상인이 조직하는 상업의 판매 및 구매 계획에 딸려오는 부수적인 문제가 아니었다. 산업 생산은 이제 장기 투자와 그에 따른 위험을 내포하는 일이 되었다. 그런 종류의 위험을 떠안는 것은, 생산이 끊임없이 계속될 수 있다는 확신이 서지 않는 한 감당할 수 없는 일이었다.

하지만 산업 생산이 복잡해질수록 공급을 보장해야 할 산업 요소들의 종류도 늘어났다. 그중에서도 특히 중요한 요소는 노동, 토지, 화폐였다. 상업 사회에서 이 세 요소의 공급을 조직하는 방법은 단 하나, 즉 구매를 통해 얻는 것뿐이다. 따라서 이 세 가지는 시장에서의 판매를 위해 조직되어야만 했다. 즉, 상품이 되어야 했던 것이다. 시장 메커니즘을 노동, 토지, 화폐라는 산업 요소들에까지 확장하게 된 것은 상업 사회에 공장제를 들여오면서 나타난 불가피한 현상이다. 그때부터 산업 요소들도 판매되어야 했던 것이다.

이는 시장 경제 체제를 요구하는 것과 같다. 잘 알다시피, 이러한 체제에서는 독립적인 경쟁 시장을 통해 자기 조정이 지켜져야만 이윤을 얻을 수 있다. 공장제의 발전이 구매와 판매 과정의 일부로 조직되었으므로, 계속 생산이 전개되려면 노동, 토지, 화폐가 상품으로 변형되어야 했다. 물론 이것들은 시장에서 판매하기 위해 생산된 것이 아니므로 실제 상품으로 변형될 수는 없었다. 그럼에도 불구하고 노동, 토지, 화폐가 판매를 위해 생산된 것이라는 허구가 사회의 조직 원리가 되었다. 그 가운데 특히 노동에 주목할 필요가 있다. 노동은 어떤 사람이 고용주가 아닌 피고용자인 한에서만 그를 부르는 기술적 용어다. 따라서 노동 조직은 시장 경제 체제 조직의 변화에 따라 변한다는 결론이 나온다. 그런데 노동 조직이라는 말은 보통 사람들의 삶의 형태를 가리키는 다른 이름에 불과하다. 결국 위의 결론은 시장 경제 체제의 발전에 따라 사회 조직 자체의 변화가 수반된다는 것을 의미한다. 인간 사회는 이제 모든 면에서 경제 체제의 부속물이 되어버렸다.

앞에서[29] 영국 역사의 종획운동enclosure의 약탈과 산업혁명에 수반된 사회적 파국을 비교했었던 것을 상기해보자. 일반적으로 개발은 사회적 혼란을 대가로 얻어진다. 그 혼란이 너무 크다면 공동체는 그 과정에서 무너질 수밖에 없다. 튜더 왕조와 초기 스튜어트 왕조는 그 변화 과정이 견딜 만한 것이 되도록, 또 그 효과가 덜 파괴적인 방향으로 가닥을 잡도록 규제하여, 영국이 스페인과 같은 비극적인 운명에 빠지지 않게 했다. 하지만 그 어떤 것도 산업혁명의 충격에서 영국의 인민들을 구해내지는 못했다. 자생적 진보에 대한 맹신이 사람들의 정신을 흐리게 하여, 가장 선구적인 이들조차 규제 없는 무제한의 사회 변동을 향해 광신도들처럼 열광적으로 달려나갔던 것이다. 민중들의 삶에 나타난 결과는 이루 말할 수 없을 정도로 끔찍했다. 만약 이 자기 파괴적인 메커니즘의 활동을 둔화시켰던 사회 보호의 반작용이 없었다면 인간 사회는 괴멸될 뻔했다.

그러므로 19세기 사회사는 이중적 운동double movement의 결과라고 할 수 있다. 진짜 상품에 대해서는 시장적인 조직 방식을 확장해나가는 과정이, 허구적 상품들에 대해서는 그것을 제한하는 과정이 나란히 나타났던 것이다. 한편으로는 시장이 전 세계로 퍼져나갔고 시장에 나오는 재화의 양은 엄청나게 늘어났지만, 다른 한편에서는 일련의 법령과 정책의 연결망이 노동, 토지, 화폐에 관한 시장의 활동을 저지하기 위해 만든 강력한 제도들로 통합되었다. 금본위제의 보살핌을 받는 세계 상품 시장, 세계 자본 시장, 세계 외환 시장은 시장 메커니즘에 유례없는 추진력을 더해주었지만, 사회 깊숙이 뿌리박은 운동이 일어나 시장이 경제를 통제함으로써 나타나는 파괴적 영향에 맞서 싸우기도 했다. 사회가 시장 경제 체제의 자기 조정에 내재한 재난에 맞서 스스로를 보호했다는 것이야말로 19세기 역사의 가장 포괄적인 특징이다.

2. 인간, 자연, 생산 조직

한 세기 동안 이중적 운동이 현대 사회의 흐름을 지배했다. 시장은 계속 팽창했지만 그 팽창 운동이 특정한 방향으로 퍼져나가는 것을 가로막는 반대 운동이 일어나 여기에 맞섰다. 이러한 반대 운동은 사회를 보호하는 데 결정적인 역할을 했다. 그러나 최종적으로 분석해볼 때 이 운동은 시장의 자기 조정 체계와 양립할 수 없는 것이었고, 따라서 시장 체제 자체와도 양립할 수 없는 것이었다.

시장 체제는 비약적으로 발전했다. 시간과 공간을 장악하고 은행권bank note을 창조함으로써 전대미문의 역동성을 낳았다. 그 발전이 최고조에 달했던 1914년 무렵, 시장 체제는 아직 태어나지 않은 세대를 포함하여 모든 사람들, 자연인은 물론 기업이라 불리는 거대한 가상 인격에 이르기까지 지구의 모든 부분을 품고 있었다. 새로운 삶의 방식이 보편성을 주장하면서 전 세계로 확산되었다. 이는 실로 유례가 없는 일로서 오로지 기독교가 세계로 퍼져나가던 시기 정도만이 비견될 수 있겠지만, 이번에 나타난 시장 체제의 확장 운동은 순전히 물질적인 차원의 일이라는 점에서 달랐다.

하지만 그와 동시에 반대 운동도 일어났다. 이는 변화가 닥쳤을 때 사회가 보여주는 일반적 수준의 방어 행위를 넘어서는 것이었다. 즉 사회의 뼈대까지 공격하는, 게다가 시장 덕분에 생겨난 새로운 생산 조직마저도 파괴할 정도의 혼란에 맞선 대응이었다.

로버트 오언은 만약 시장 경제가 자신의 법칙대로 진화하도록 내버려둔다면 거대하고 영구적인 악을 낳을 것이라고 정확하게 통찰한 바 있다.

생산은 인간과 자연의 상호 작용이다. 만약 그 생산의 과정이 물물 교역과 교환의 자기 조정 메커니즘을 통해 조직된다면, 인간과 자연도 그 궤도에 들어가 수요와 공급의 지배를 받아야 한다. 인간과 자연을 상품으로, 다시 말해 판매를 위해 생산된 재화로 취급해야 한다는 것이다.

시장 체제하에서의 조직이란 정확하게 위와 같은 것이었다. 인간은 노동이라는 이름으로, 자연은 토지라는 이름으로 판매할 수 있는 것이 되었다. 노동력의 사용은 임금이라 불리는 가격으로 일반적으로 매매할 수 있게 되었고, 토지의 사용은 지대라 불리는 가격으로 흥정할 수 있었다. 토지에도 노동에도 시장이 생겨났고 수요와 공급은 각각 임금과 지대가 얼마나 높은가에 따라 규제되었다. 사람들은 노동과 토지가 판매를 위해 생산된 것이라는 허구를 전혀 문제 삼지 않고 받아들였다. 따라서 토지와 노동의 다양한 결합에 투자되는 자본은 한 생산 영역에서 다른 생산 영역으로 자유롭게 흘러갈 수 있었는데, 이 자유로운 자본의 이동은 다양한 생산 영역에서 여러 소득들을 자동으로 평준화시키는 데 필수적인 것이었다.

하지만 이론적으로 생산을 이러한 방식으로 조직할 수 있다 할지라도, 대지와 인간의 운명을 시장에 내맡기는 것은 곧 그것들을 파멸시키는 것과 같다. 상품 허구는 이러한 사실을 무시했다. 따라서 반대 운동의 핵심은 생산 요소인 토지와 노동에 관한 시장의 활동을 억제하는 것이었다. 이것이 개입주의interventionism의 주요한 기능이었다.

생산 조직도 같은 이유로 위협을 받았다. 개별 기업들이 물가 수준의 변동에 따라 영향을 받는 한, 생산 조직도 산업, 농업, 상업을 막론하고 위험에 처하게 된다. 시장 체제에서 가격 수준이 떨어지면 경기는 찬서리를 맞는 법이다. 그 경우 '사업을 벌여놓은 기업'은 생산 비용을 구성하는 요소들의 가격이 모두 같은 비율로 떨어지지 않는 한 파산하지 않을 수 없다. 그런데 가격 수준의 하락은 전반적인 비용 하락 때문이 아니라 단순히 통화 체제가 조직되는 방식 때문에 생겨나는 것일 수도 있다. 앞으로 살펴보겠지만, 자기 조정 시장에서는 실제로 후자가 원인이 된다.

자기 조정 시장에서는 원칙적으로 시장의 활동 자체가 구매력을 공급하고 규제한다. 바로 이것이 화폐는 상품이며 우연히 화폐로 기능하게 된 상품의 수요와 공급이 화폐의 양을 통제한다는, 고전파의 화폐 이론이 의미하는 바이다. 이러한 원칙에 따르면, 화폐란 단지 다른 것들보다 더 자주 교환 수단으로 사용되는 상품의 다른 이름일 뿐이며 사람들이 화폐를 얻으려는 주된 목적은 교환을 원활하게 하기 위해서다. 이 목적에 쓰이는 물건이 모피든 황소든 조개껍질이든 황금이든 이는 중요하지 않다. 화폐로 기능하는 물건의 가치는 사람들이 그 물건을 영양 섭취, 의복, 장식품 등으로 쓰기 위해 얻으려 하다 보니 결정되는 것과 마찬가지 원칙에 따라 결정된다. 어쩌다 황금이 화폐로 쓰이게 된다 해도 그 가치와 양, 유통은 다른 상품들에 적용되는 것과 똑같은 법칙으로 결정된다. 이외의 어떤 다른 교환 수단의 사용도 곧 통화 창출이 시장 바깥에서 이루어짐을 뜻한다. 그러므로 은행 혹은 정부가 그렇게 시장 밖에서 통화를 창출하는 행위를 한다면 이는 시장의 자기 조정을 방해하는 것이 된다. 여기서의 핵심은 화폐로 쓰이는 재화도 다른 상품들과 똑같은 것이므로 시장이 그 수요와 공급을 규제한다는 것, 따라서 화폐에다 간접 교환의 수단으로 쓰이는 상품이라는 것 외에 다른 성격을 부여해서는 안 된다는 것이다. 만약 금이 화폐로 쓰이는 가운데 은행이 발행한 지폐도 존재한다면 은행권은 금을 대표하는 것이 되어야 한다는 결론도 동시에 나온다. 리카르도 학파가 영란 은행Bank of England을 통해 통화 공급을 조직하려 했을 때 그들은 바로 이러한 원칙을 따르고 있었다. 사실 국가가 통화 체제에 '간섭'하는 것을 막고 이로써 시장의 자기 조정을 수호하려면 다른 방법을 생각할 수 없는

것이다.[30]

따라서 자연과 인간이라는 사회의 실체에 일어났던 것과 매우 비슷한 상황이 기업에서도 벌어지게 되었다. 자기 조정 시장은 이 세 가지를 모두 위협하는 것이었으며, 그 이유는 본질적으로 비슷했다. 상품 허구를 노동력에 적용할 때 나타나는 위험에서 산업에 종사하는 인간을 보호하기 위해 공장 입법과 사회 입법이 필요했다면, 그리고 상품 허구가 토지에 관해 의미하는 바에 맞서 자연 자원과 농촌 문화를 보호하기 위해 토지 관련 법률과 농업 관세가 나타났다면, 이와 마찬가지로 상품 허구를 화폐에 적용하는 데 내포된 위험에서 공장이나 다른 생산 기업들을 보호하기 위해 중앙 은행과 관리 통화 체제가 필요했던 것이다. 참으로 역설적인 것은, 인간과 자연 자원뿐만 아니라 자본주의적 생산 조직 그 자체도 자기 조정 시장의 파괴적 효과를 피해 숨을 곳을 찾아야 했다는 사실이다.

앞에서 이중적 운동이라 불렀던 것으로 되돌아가보자. 이것은 사회 안에서 작동하는 두 가지 조직 원리의 활동으로 인격화할 수 있다. 이 원리들은 모두 각각 자신에 맞는 특수한 제도를 확립한다는 목적을 설정하고, 일정한 사회 세력의 지지를 끌어모아 독자적인 방법으로 움직인다. 첫째 원리는 경제적 자유주의로서, 자기 조정 시장의 확립을 목적으로 하며 사업에 종사하는 사회 계급의 지지에 의존하여 대체로 자유 방임 laissez-faire과 자유 무역이라는 방법을 택한다. 다른 하나는 사회 보호의 원리로서, 인간, 자연뿐 아니라 생산 조직도 보호하는 것을 목적으로 하며, 시장의 해로운 운동에 직접적으로 영향을 받는 이들, 즉 주로 노동 계급과 토지 계급의 다양한 지지에 의존하여 보호 입법, 경제 규제를 위한 연대 및 기타 경제 개입의 수단들을 방법으로 삼는다.

계급은 특히 중요한 요소였다. 토지 계급, 중산 계급, 노동 계급이 사회에서 담당했던 역할이 19세기의 사회사 전체 모양을 결정했다. 이 계급들은 사회가 처한 전체 상황에서 생겨나는 다양한 기능 가운데 각 기능을 수행하는 데 도움이 될 만한 것에 맞게 각자의 역할을 맡았다. 중산 계급은 막 생겨나고 있던 시장 경제의 담지자들이었다. 이들의 사업상의 이익은 대체로 생산과 고용 창출에 관한 전체의 이해와 일치했다. 경기가 좋아지면 모두에게 일자리가 생기고 부동산 소유자들은 지대 소득을 얻을 수 있었다. 시장이 확장되면 투자가 활발해졌다. 한 나라에서 사업가들의 공동체가 외국인들과 경쟁하여 성공하면 외환 가치도 안정되었다. 다른 한편, 시장 경제 때문에 노동자의 건강이 착취당하고, 가족의 삶이 파괴되고, 주거 지역이 폐허가 되고, 삼림이 벌거숭이가 되고, 강이 오염되고, 직업 기술의 수준이 형편없어지고, 민속 전통이 무너지고, 주거 양식이나 예술 등 사적 영역과 공적 영역에 걸쳐 이윤에 영향을 주지 못하며 수많은 사회적 삶의 형식이 전반적으로 저하되는 소용돌이 속에서, 사업에 종사하는 계급은 거기에 내포된 위험을 감지해내지 못했다. 중산 계급은 이윤이 사회 전반에 혜택을 준다는 거의 성스럽기까지 한 믿음을 발전시킴으로써 자신들의 기능을 수행했다. 하지만 바로 이 믿음 때문에 그들은 바람직한 삶에 있어서 생산의 확장만큼이나 필수적인 다른 이익들에 관한 한 수호자의 자격을 잃게 되었다. 여기서 다른 계급들이 기회를 얻었다. 그들은 중산 계급처럼 비싸고 복잡한 특수 용도의 기계를 쓰는 생산에 종사하지 않았다. 대체로 토지 귀족과 농민에게는 민족의 군사력을 지키는 임무가 떨어졌는데, 군사력의 질은 여전히 국토와 사람들에 좌우되었다. 한편 노동자들은 정도 차이는 있지만 아무도 돌보지 않게 된 보편적인 인간의 이해를 대표하는 존재가 되었다. 그러나 때때로 각 계급은 의식하지 못하는 가운데 자신의 계급 이익보다 더 폭넓은 보편적 이익을 체현하고 있었다.

19세기가 끝나갈 무렵에는 보통선거가 보편화되고 노동 계급은 국가에 큰 영향력을 행사하게 되었다. 한편 사업에 종사하는 계급은 법 제정을 일방적으로 좌우할 수 없게 되자, 자신들이 산업에서 쥐고 있는 주도권에 정치적 권력이 내포되어 있음을 각성하게 되었다. 권력과 영향력이 이처럼 기묘하게 특정 영역으로 나뉘어도 시장 체제가 큰 긴장이나 무리 없이 계속 작동하는 한 어떤 문제도 발생하지 않았다. 하지만 시장 체제 자체에 본질적으로 내재한 이유들로 인해 그런 평화가 깨지고 사회 계급들 사이에 갈등이 깊어지게 되면, 한쪽은 정부와 국가를, 그에 맞서는 다른 쪽은 경제와 산업을 자신들의 권력 거점으로 만들었고, 이로 인해 사회 자체가 위험에 빠지게 되었다. 사회에서 핵심적인 두 개의 기능, 즉 정치적인 영역과 경제적인 영역이 분파적 이익을 위한 투쟁의 무기로 사용되고 남용되게 된 것이다. 이렇게 파괴적인 교착 상태에서 20세기 들어 파시즘의 위기가 나타났다.

이제 이러한 두 가지 각도에서 19세기 사회사의 모양을 결정한 운동의 윤곽을 그려보자. 하나는 경제적 자유주의라는 조직 원리와 사회 보호의 충돌이다. 이는 사회 제도를 놓고 뿌리 깊은 긴장을 낳았다. 다른 하나는 계급들 사이의 충돌이다. 이는 앞의 충돌과 상호 작용하면서 위기를 파국으로 몰아가고 말았다.

제3장

마르크스주의에 대한 노트

1. 다시 쓰는 마르크스주의

(1) 왜 그 '역사의 숙명적인 일'[31]이 벌어지는가

계급이란 생산 과정과 맺는 관계에서 비슷한 지위를 차지하는 사람들의 집합이다. 전체 사회의 변화는 필연적으로 모든 집단의 위치를 바꾸어놓는다. 각 집단의 물질적 기준이 그들이 생산에서 차지하는 지위에 좌우되므로 생산 체제에 변화가 생기면 당연히 어떤 집단이 혜택을 보기 마련이다. 변화로 인해 해로운 영향을 받는 계급은 변화에 반대할 것이다. 하지만 사회에는 변화를 통해 이익을 보거나 아무것도 잃을 것이 없는 집단이 있는 법이다. 실제로 그 역사의 숙명적인 일을 일으킨다고 예언된 이들은 바로 이 아무것도 잃을 것이 없는 집단이다. 이 집단은 사회가 객관적, 역사적 상황이 허락하는 방향으로 나아가도록 추동한다. 매뉴팩처로 생산을 조직하고, 계속적인 시장 확대를 위해 분배를 조직할 수 있는 새로운 가능성을 십분 활용함으로써 17, 18세기에 부르주아 혁명은 거부할 수 없는 것이 되었다. 기계 소유주가 자신들이 원하는 대로 자유로이 사용하는 것이 인류의 보편적인 이익이었다. 오늘날에는 전체 사회가 기계를 합리적으로 계획하고 힘을 합쳐 사용하는 것이 생산을 증대시키는 길이다. 이러한 변화가 일어나도 아무것도 잃을 것이 없는 계급이 사회 안에 있으니 바로 노동 계급이다. 그들은 변화를 원할 수밖에 없다. 그들이 그렇게 하지 않는다면 사회 전체가 시들어버리고 퇴락할 것이기 때문이다. 혁명을 일으키는 이러한 메커니즘에서 인간 쪽의 요인은 심리적인 것이다. 사회 전체의 고통이 심해지면 명령에 복종해야 하는 노동 계급은 그중에서도 가장 많이 고통받을 수밖에 없다. 잃을 것은 사슬뿐이나, 구할 수 있는 것은 세계이다. 왜냐하면 '노동 계급이 쟁취할 세상'은 우리의 세계를 파괴에서 구해낼 때에 오기 때문이다.

(2) 자기 이익과 지도력

따라서 질문에 대한 답은 다음과 같다.

계급 투쟁이 중요한 요소인 이유는 계급 전쟁이라는 메커니즘이 그 생산력의 발전을 담보하며 그러한 발전은 사회 전체의 이익으로 돌아오기 때문이다.

계급 이익이 가장 근본적인 원동력이다. 사회의 현실을 이루는 여러 부분들 가운데 바로 이 계급 이익을 실현하기 위한 싸움을 통해 그 숙명적인 것이 현실화되기 때문이다.

오로지 노동 계급만이 사회를 실제로 사회주의로 이끌 수 있다. 왜냐하면 그들이야말로 생산 과정에 그러한 변화가 나타나도 잃을 것이 아무것도 없는 유일한 계급이기 때문이다.

이러한 말들을 주의 깊게 살펴보면 한 가지는 분명하게 드러난다. 즉, 마르크스는 결코 계급 전쟁이나 계급 이익을 가장 근본적인 현실로 보지 않았다는 점이다. 마르크스에게 있어 그의 이론 체계의 진실성은, 계급 전쟁을 역사에서 중심적 중요성을 갖는 사실로 만드는 이유들, 그리고 계급 이익이 현실에서 가장 근본적인 원동력이 되는 이유에 얼마나 설득력이 있는가에 달려 있었다. 마르크스는 중세 교회가 단지 자기 이익을 위해 사기를 벌였다거나 성직자들이 대중을 속임으로써 지배적인 지위를 얻었다고 보는 당시의 지배적인 관점을 거부했다. 마찬가지로 경제적인 계급 지배를, 그를 통해 혜택을 보는 자들의 악마적인 이기주의라고 폄하하는 시각도 거부했다. 어떤 특정 집단이 스스로의 이익을 추구하면 정반대의 이해관계를 가진 대중까지 그 집단의 지도를 따르게 된다는 식의 마술이란 있을 수 없다. 그러한 마법을 당연한 것으로 생각한다면, 이는 역사를 기적적으로 성공한 사기극으로 설명해버리는 비과학적인 시도가 될 것이다. 지배계급이나 피지배 계급의 이익 모두 이런 싸구려 마술 같은 성질을 갖지 않는다. 어떤 집단을 성공으로 이끄는 것은 그들 자신의 이해관계가 지닌 힘 때문이 아니다. 사실 성공의 비밀은 그 집단이 얼마나 다른 집단들의 이익을――자신들의 이익에 포괄시킴으로써――대표해내느냐에 달려 있다. 실제로 어떤 집단이 그러한 포괄을 이루고자 한다면 자신들이 지도하기를 열망하는 더 폭넓은 집단의 이익에 자신들의 이익을 갖다 맞춰야 할 것이다. 사회의 대다수는 양대 계급 간의 싸움에서 벌어지는 일들에 아무런 '이해'도 갖지 않는다는 사실 때문에 이는 더욱 쉬워진다. 사회의 성격이 자본주의냐 사회주의냐에 소규모 중산 계급이나 농민들의 이해관계가 걸려 있는 것은 아니다. 그들이 가장 결정적으로 관심을 갖는 사실은 사회가 그 둘 중의 하나가 될 수밖에 없다는 사실이다. 만약 노동 계급이 사회주의를 향한 길에 앞장서고 현실적으로 다른 계급들을 지도하기 위해 자신의 이익을 조화시켜나간다면 그들은 노동 계급을 따를 것이다. 하지만 무관심한 대중이 치명적인 파국에서 빠져나갈 출구가 없다고 느낀다면 그때에는 자본가들의 지도를 따를 준비가 되어 있는 것이다.

이렇게 하여 파시즘이 나타난다.

(3) 계급과 위기

마르크스의 계급 전쟁 이론은 다음과 같은 한계를 갖는다.

계급 전쟁은 가장 근본적인 현실이 아니다. 가장 근본적인 현실은 사회 전체의 이익이다. 생산 수단의 발전을 극대화하는 것은 이 이익에 복무한다. 계급 이익은 객관적으로 주어진 상황에서 생산 수단을 어떻게 조직할 것인가 하는 문제의 해답을 찾고자 힘을 기울일 때에만 현실적 힘을 발휘하게 된다.

계급 이익은 객관적인 역사적 상황에서 전체 사회의 이익을 대표할 때에만 비로소 사회의 변화 원동력이 된다. 계급은, 그 이익이 구체적 상황에서 전체의 이익과 일치하거나 자신의 이익을 변형시켜 다른 계급의 이익까지 충분하게 포괄할 수 있을 때에만 지도력을 발휘할 수 있다.

계급 전쟁과 계급 이익은 전체 사회에 영향을 미치는 역사적 상황이 벌어질 때면 일정 정도 항상 등장한다. 하지만 계급 전쟁과 계급 이익은 그러한 역사적 상황의 부분이나 요소에 지나지 않는다. 계급 전쟁과 계급 이익이 왜 그리고 어떻게 그 상황에 등장하게 되었는지를 반드시 이해해야 한다.

(4) 지도력의 대가

오늘날 전체 사회의 직접적인 이익은 다음과 같이 영향을 받았다.

민주주의와 자본주의, 즉 현존하는 정치 경제 체제는 막다른 상태에 이르렀다. 이 둘은 각각 대립된 이익을 가진 두 개의 다른 계급의 도구가 되어버렸기 때문이다. 하지만 붕괴의 위험은 이 반대되는 두 개의 이익에서 생겨나는 것은 아니다. 붕괴의 위험은 두 계급 간의 교착 상태에서 생겨난다. 이 차이점은 매우 중요하다. 그 교착 상태를 피하기 위해 속속 행동으로 나서고 있는 여러 세력들의 힘은 그 교착 상태를 낳은 대립되는 두 개의 이익의 힘보다 비교할 수 없을 정도로 더 강하다. 덧붙이자면, 이것이 우리 시대의 사회적 혼란이 지각 변동에 가까울 정도로 맹렬하게 전개되는 이유를 설명해줄 것이다.[32]

하지만 계급 이익이라는 개념이 갖는 이러한 한계를 넘어서보면 매우 명확하게 떠오르는 문제가 하나 있다. 그것은 지도력의 진정한 의미는 무엇인가이다.

인류는 이제 막다른 골목에 이르렀다. 파시즘은 도덕적 물질적 퇴보라는 대가를 치름으로써 해결책을 찾으려 한다. 그리고 사회주의는 기능적 민주주의Functional Democracy[33]로 나아감으로써 돌파구를 열려 한다.

이제 진취적이고 독창적인 자세가 필요하다. 성공 여부는 다음과 같은 진실을 인식하느냐 마느냐에 달려 있다. 즉, 노동 계급이 지도력을 발휘할 수 있는 잠재력은 자신들의 직접적인 물질적 이익을 좇음으로써 입증되지 않는다. 그것은 사회 전체를 지도한다는 목적 아래 노동 계급의 물질적 이익에 무관심한 대중의 이익에 자신들의 이익을 맞춰나감으로써 입증된다.

현재 세계가 맞고 있는 위기의 성격을 충분히 이해해야 한다. 만약 이를 위해 마르크스주의를 수정해야 한다면, 그 작업을 미뤄서도 두려워해서도 안 된다.

2. 경제학 철학 수고 소개[34]

정치경제학political economy(이는 독일어 Nationalökonomie를 옮긴 것이다)은 시대에 따라 매우 다른 의미를 가져왔다. 이 초고가 씌어진 당시 이 용어는 여러 정치 현상에 대한 과학적 분석을 의미했다. 하지만 18세기 중반부터 이 용어의 의미는 다음과 같이 바뀌어왔다. ① 사회철학 ② 어떤 나라의 재정을 현실적으로 조직하는 문제, 이와 함께 공동체의 물질적 복지를 개선하기 위한 정부의 모든 활동 ③ 국부(國富)를 다루는 과학.

마르크스 자신이 정치경제학을 어떻게 정의했는가 하는 문제야말로 이 글의 중심 주제이므로 선불리 넘어갈 수는 없을 것이다. 우선 생각해볼 수 있는 것은, 마르크스가 고전파의 대표자들의 지혜를 빌려 이 새로운 과학이 인간 사회 자체의 법칙을 포함하고 있다는 의미로 정치경제학을 받아들였다는 것이다. 실제로 마르크스는 자본주의 사회를 떠받치고 있는 듯한 삶의 철학이 사실은 그 경제 체제에서 나온 결과물이라는 것을 처음으로 깨달은 사상가였다. 이러한 연관을 볼 때, 정치경제학이라는 용어는 단지 부르주아적 경제 조직에 대한 과학뿐만 아니라 현실의 경제 조직 자체를 가리키는 말이기도 하다. 어떤 사회의 삶의 철학은 단지 일개 과학——아무리 중요한 과학이라 하더라도——의 결과물이 아니라 분명히 그 과학이 다루고자 하는 사실들의 결과인 것이다. 따라서 정치경제학의 의미는 시장 경제 이론과 더불어 현실 세계를 가리키는 것이다. 그런데 그러한 경제는 그 과학이 제공하는 교의와 원리 없이는 결코 현실에 나타날 수 없었을 것이다. 한편으로 보자면, 현실에 근거가 될 기초가 없었더라면 그 과학은 의미 없는 헛소리에 지나지 않았을 것이다.

오늘날 시장 경제의 특징은 시장에서 재화를 교환함으로써 사회의 노동이 분업된다는 것이다. 이러한 조직은 화폐 사용, 인간의 욕구와 필요, 가격 그리고 무엇보다도 사적 소유라는 제도를 함축하고 있다.

글의 계획은 명쾌하다. 마르크스는 ① 사적 소유 ② 욕구와 필요 ③ 저축과 지출 ④ 유효 수요 ⑤ 자본과 노동 ⑥ 자본과 토지 같은 정치경제학의 주요 용어들이 철학적으로 함의하는 바를 밝히고자 시도했다.

그의 출발점은 사적 소유로 구현되는 인간 활동, 즉 노동을 규정하는 것이었다. 정치경제학 전체가 사적 소유 제도를 중심으로 하고 있으므로 인간의 노고 혹은 노동 또한 필연적으로 이 사적 소유 제도의 전제와 용어 전체와 관계를 맺게 된다. 따라서 정치경제학의 철학적 함의는 사적 소유의 주요 전제들이 갖는 인간적 의미를 탐구함으로써 밝힐 수 있다는 결론이 나온다. 이것이 바로 마르크스가 했던 작업이다.

마르크스는 근대 정치경제학의 역사를 요약하면서 부(富)에 인간이라는 요소가 나타난다는 것을 의식하게 된 방식을 보여준다. 중상주의 체제는 이러한 사실을 미처 깨닫지 못하고 있었다. 하지만 프랑스의 중농주의자들은 이미 부를 생산하는 데 노동이 어떤 역할을 한다는 생각 이상에까지 나아갔다. 중상주의자들이 금과 은에 대한 물신적 숭배에 빠졌던 것과 대조적으로 농업을 중시하는 그들의 태도가 이를 말해준다. 하지만 인간의 노고가 사적 소유의 유일한 본질로 그리고 사적 소유 자체가 모든 인간 산업의 본질로 드러나게 된 것은 애덤 스미스의 산업 체제에 이르러서이다.

여기서 부르주아 사회의 근본적인 역설이 드러난다. 인간의 노동이 사적 소유의 본질이라는 사실이 명쾌하게 드러날수록 사적 소유에 바탕을 둔 사회의 여러 조건이 갖는 비인간성이 더욱 자기 모순적으로 보이기 때문이다. 이러한 모순은 자본과 노동이라는 존재에 이르러 절정에 이른다. 자본이 노동이라지만 자본가는 노동하지 않고 살아갈 수 있는 반면, 노동자는 그럴 수 없다. 공산주의를 통해 모순을 해소하려는 노력은 인류가 인간성을 회복하기 위해 밟아야 할 다음 단계를 나타내는 것이다. 왜냐하면 인간은 유적 존재generic being이기 때문이다. 고립된 인간이란 하나의 추상적 관념일 뿐이다. 인간이 자신을 충족시키는 것은 사회 안에서다. 인간은 이러한 사회적 활동 안에서만 비로소 충만하게 인간이 될 수 있다. 바로 이러한 이유 때문에 인간은 사적 소유에 바탕을 둔 사회에서 소외될 수밖에 없다. 인간의 욕구와 필요는 비록 그것들을 충족시킬 수 있다 해도 인간적인 것이 아니게 된다. 감각들 또한 인간적인 것이 아니게 된다. 욕구, 감각, 필요의 대상들은 인간적인 방식으로 인간과 관계할 때에만 인간적인 성격을 띨 수 있다. 하지만 인간 세상과 관계된 모든 일이 그렇듯, 이 또한 인간의 물질적 현존의 생산이라는 과제를 수행하는 여러 조건에 달려 있다. 그리하여 오늘날 그러한 조건들이 인간성과 모순 관계에 빠진 것이다.

3. 마르크스 철학에 대한 강의 교안[35]

(1) 마르크스주의, 본질적으로 혁명적인 철학—이것이 함의하는 바는,

ㄱ. 마르크스주의는 그 적용에 있어 교조적이지 않다. 오늘

날 우리가 사회에서 얻을 수 있는 모든 지식을 우리 시대에 국한된 것으로 간주한다는 의미에서, 그것은 진보적이기도 하다. 현재의 사회를 넘어선다면 새로운 지식의 시야가 열릴 것이다.

ㄴ. 따라서 그것은 하나의 체계라기보다는 방법에 가깝다. 즉 그것은 우리에게 어떻게 진실되고 적절한 지식을 얻을 수 있는지를 가르쳐주는 것이지 그러한 지식의 항목들을 쌓아 놓은 더미가 아니다.

(2) 그것은 무엇을 다루는가?

사회의 성격을 이해하는 방법. 그리고 사회주의 즉 앞으로 다가올 사회 형태의 성격을 이해하는 방법.

ㄱ. 사회란 무엇인가? 제도, 관습 혹은 법인가?

아니다. 사회는 인간들로 구성되어 있으며, 인간들 사이의 구체적인 관계성이다. 인간들의 관계성.

ㄴ. 사회주의는 무엇인가? 그것은 산업 생산이라는 조건 속에서 인간들의 관계가 매개자 없이 직접적이며 인격적인 즉 인간적인 성격을 띠는 상태이다. '인간적인 사회.' 포이어바흐에 대한 테제, 1845.

논평 : 사회주의가 의미하는 바는 ㄱ. 경제 체제 ㄴ. 사회의 유형.

사회주의 사회를 이루기 위해서는 사회주의의 경제학이 필요하다.

자본주의 사회는 다음과 같은 산업 사회라고 정의된다.

ㄱ. 생산 과정의 수단을 사적으로 소유한다.

ㄴ. 인간 관계가 비인격적 (대상화).

사회주의와 사회에 대한 두 가지 정의의 관계.

인간의 진정한 본성이 인류 역사의 열쇠이다.

인간의 자기 소외. 상품 가치의 물신적 이론(자기 소외).

자유, 필연에 대한 인식. 하지만 인간의 역사에서는 이 필연 자체가 자기 실현, 즉 자유의 활동이다.

(3) 역사에 대한 유물론적 해석

어떤 사회도 재화의 생산 없이는 존재할 수 없다. 생산 수단을 최대한으로 잘 활용하는 것이 사회 전체의 이익으로 돌아온다.

사회란 인간들이 매일 일상에서 맺는 관계와 같은 것이다. 생산 방식이 이것을 결정한다.

ㄱ. 분배가 아니라 생산이 규정적 요소이다.

ㄴ. 소유 체제는 원래 사회 전체의 이해에 관련된다. (자본주의가 설명되며 또 역사적으로 정당화된다. 자본주의가 항상 비도덕적 [원문에는 immporal로 되어 있으나 immoral의 오기인 듯하다—옮긴이

주]인 것은 아니었다. 생산 수단이 발전한 결과 다른 소유 체제가 현실화되어야만 그렇게 된다.)

ㄷ. 계급의 역할은 자신들의 이해에 따라 새로운 소유 체제를 얻어내는 것이다. 그리고 그 생산 수단들을 통해 사회 전체의 이익에 복무해야 한다(기득권 때문에 과거에 묶여 있는 소수는 배제된다). 이것이 피지배 계급이 승리하는 이유이다. 피지배 계급은 현존 체제를 유지하는 데 이해관계가 없는 모든 계급의 지도자가 된다. 계급 이익이 아니라 사회의 이익이 결정 요소인 것이다. 계급 이익은 오로지 전체의 지도자가 될 능력이 있을 때에만 성공적인 것이 된다(이것이 희생을 수반할 수도 있다).

ㄹ. 생산은 개인들 간의 관계 그리고 이념들을 규정한다.

(4) 경제학

마르크스적인 '사회학'이란 인간 본성에 대한 관점을 실제 생활에 적용한 것에 지나지 않는다. 경제학은 단지 특정한 사회, 즉 자본주의 사회를 기술한 것에 불과하다.

자연과 인간. (토지와 노동) '생산의 원천적 요소'로서 자본이 되도록 허용해서는 안 된다.

자연적 역사적 범주들(또는 주요 용어들). 자연적(영구적) 수단 : 인간-자연 관계에 의해 주어짐. 역사적 수단 : 일시적.

그러한 범주들의 예들.

자본의 두 가지 의미. 노동과 '자본'의 동등성. 기능적 동등성과 공통의 인간적 동등성. 도구로서의 그리고 소득 기금으로서의 자본.

(5) 변증법적 유물론 : 마르크스라기보다는 엥겔스. 체계가 없고[판독 불능] 자연에 대한 언급은 불명료하다. 물리학 및 화학 그리고 천문학에의 [판독 불능]는 매우 의심스럽다.

하지만 인간 정신과 사회에 대한 언급은 명백한 진리이며 매우 중요하다.

ㄱ. 부정을 통한 인간 정신의 운동(인간은 스스로 본성을 부인할 수 있다).

ㄴ. 변화의 급작성. 전환점으로서의 악.

ㄷ. 인간 생활이 물질적 사실들에 의존하고 있다는 점. 이는 유물론적인 관점은 아니다. 재화의 분배는 생활의 비물질적인 측면이다.

ㄹ. 사회 계급들의 행동에서 이론과 실천의 동일성. 질량이론은 더 이상 이론이 아니다. 역사의 중심 요소인 의식의 임무다. 계급 의식은 임무와 사명에 대한 의식이다. 전체에 대한 준거가 계급 의식에 녹아 있다.

4. 마르크스주의의 기독교적 관점 : 비판[36]

개요

① 마르크스가 하려던 것. 그의 '전체적 관점'은 얼마나 포괄적이며 얼마나 파편적인가.

② 사회에 대한 마르크스의 정의.

③ 사회주의에 대한 마르크스의 정의.

④ 마르크스의 역사 해석 : 사회 구조 결정에서 생산이라는 요인이 가지는 중요성에 대한 평가(마르크스주의 사상 전체를 표현할 때 '유물론적'이라는 용어를 사용하기 때문에, 마르크스를 객관적으로 접해보지 못한 이들은 그의 공리들을 충분히 제대로 묘사하지 못하면서 철학적 유물론이 마르크스주의의 기초라고 오해한다).

⑤ 인간들이 계급을 기초로 분할된다는 역사적 사실. 계급사회라기보다는 계급으로 나뉜 사회. 이는 자본주의 아래에서도 달라질 수 없으므로, 계급 화해라는 임무는 환상일 뿐이다.

⑥ 자본주의의 발흥

ㄱ. 빠른 기술 개선으로 세상의 재화가 늘어남. 이 때문에 사람들의 마음은 재화의 분배에서 다른 데로 전환한다. '더 많은 재화가 무제한적으로 생산될지어다'라고 자연의 섭리가 명하셨다는 자유주의 사상. 더욱 넓은 시야를 가진 이들은 생산에 참여하는데, 여기서 그들은 희소성이 판을 친다면

생산이 이윤을 남길 수 있다는 사실을 발견한다.

ㄴ. 노동이 상품이 되었다. 그 대가로, 고용주는 사람들이 새 시대의 신기한 새 물건들을 사고 싶어 일을 하도록 꾀어내는 데 충분할 만큼만 주었다. 모피 교역자들이 인디언들에게 모피의 대가로 재미나지만 쓸모없는 장난감들을 준 것과 같다.

ㄷ. 자본주의는 사회 안에서 개인들의 모든 책임 있는 관계를 무너뜨리고 생계와 복지에 대한 배려를 던져버렸다. 사회 제도들은 큰 압력하에 변화를 겪게 되었다. 그 결과 한 세대만에 자본주의적인 형식들이 인간 사회에서 승인된 형식이 되어버렸다.

ㄹ. 물신화를 통해 이 엄청난 규모의 도둑질의 성격들을 존경할 만한 것으로 만들었고 또 교수나 정치가들도 헌정 체제 파괴범으로 투옥되는 것을 각오하지 않고서는 그것을 감히 공격할 수 없게 되었다(미국). 자본가들이 인간이 살아가는 영역보다 훨씬 더 성스러운 영역에서 기능한다는 생각이 커졌다. 교회는 입막음의 대가로 돈을 받고 이 조직적인 강도질을 영원히 성스럽게 했다. '국가'는 냉정한 '지도자'들의 '중립적' 기구라는 미신이 생겨났다. 비단 상품뿐만 아니라 모든 가치의 척도로서의 시장. 사회과학에 대한 멸시. 자연과학 같은 '안전한' 영역들에 대한 재정적인 지원.

⑦ 사람들의 월급 봉투를 갉아먹으며 기생하는 자본이 일

단 축적되기 시작하면서 생산에서 주인-노예 관계가 확립됨. 개척할 변방의 팽창이 끝나버린 나라에서 "서부로 가라, 젊은이들아!"라는 구호는 이제 쟁기를 들라는 의미가 아니라 총을 들어 '너의 생득권', 즉 강제 노동을 지켜내라는 뜻이 되었다. 기계 일에 접근할 기회가 없는 조건에서 태어난 아이들은 훈련된 인간 쓰레기로 취급되었다.

⑧ 19세기 자본주의가 '인간적 존재'라는 말에서 '인간적' 요소를 최소화함으로써 살아날 수 있었다면, 20세기 자본주의는 모든 인간성을 아예 완전히 뿌리 뽑으라고 요구하기에 이르렀다. 사실 다음과 같은 인간을 공급하지 못한다면 하느님도 제 몫을 못하고 있는 것이다. 즉, 냄새 감지기와 촉각 표시 장치는 물론, 시각과 청각, 미각을 갖춘 통제 장치, 두 팔과 두 버팀대가 달린 틀거리로서, 잘 움직이면서 절대적으로 순종하는, 먹여야 할 입도 씻어야 할 피부도 살아야 할 삶도 없는 그런 인간 말이다. 아무래도 하느님은 신성 질서 회사Divine Order Company의 중역회의에서 계속 보내온 메시지를 제대로 이해하지 못한 모양이다. 중역회의는 골치 아픈 영혼이라는 것을 몸에 지닌 아이들이 계속 세상에 태어나는 것을 보며 짜증내고 있다. 하지만 이러한 '문제점이 조정될' 때까지 자본가들은 차선책을 취해야 했다. 즉 노동자들의 인간적 요소가 자기 실현이나 공동체 같은 마음속의 희망을 지향하지 않고 딴 데로 향하도록 그들이 상대해야 할 용과 괴

물들을 만들어낸 것이다. 그들은 노동자들의 허물어진 집 위로 밤새 떠돌아다니는 유령들을 그려내야 했다. 또 사람들을 먼 곳으로 보내 그 용들과 싸우도록 훈련시켜야 했고 그 중 일부는 낯선 땅 그 도깨비들과의 싸움을 자원하도록 만들어야 했다. 이제 자신들 휘하의 사이비 인간들에게서 인간적 삶을 완전히 분쇄해버렸으니 해외에 있는 경쟁자들을 쓸어버릴 차례다. 19세기 자유주의자들이 진정한 국제주의의 도래라고 갈채를 보냈던 독점체(국제적 카르텔 같은—옮긴이주)들은 세계를 독점하기 위해 싸움을 벌이고 실제로 국제적인 규모로 충돌하게 될 것이다.

여기서 가장 중요한 것은, 인간의 영혼을 그 합당한 제자리로, 즉 허구의 세계로 보내면서도 '건강하게 단련된' 몸은 우리의 위대한 서양 문명과 그 영광스러운 미래에 이바지하게 한다는 원리다.

⑨ 오늘날 우리 경제의 현실적 '독재자'인 '가격'과 '희소가치'가 자본주의적 생산이라는 제도의 형식을 빌려 사회를 지배한다. 이 형식들에 내적 완성도를 부여해야 한다. 생활 수단은 시장이라는 이 체제의 병목을 통과해야 한다. 생활 수단은 희소할 때에만 이윤을 낳을 수 있기 때문에 많은 민중들에게는 생활 수단을 얻을 기회가 가로막혀 있다. "과학은 우리에게 위험할 정도의 풍족함을 가져다주었지만 풍요가 판을 치면 이윤이 사라진다." 다시 말해, 대다수 사람들은 실

제로 삶을 시작할 수 있는 기회를 얻지 못하는 것이다.

⑩ 자본주의 체제 안에서 꾸리는 '삶'의 성격. '콩나물 교실에서 받는 교육' 혹은 '뒷골목 문화' 그 이상이 허락되지 않는다. 만약 어떤 사람이 자기가 좋은 집을 가지고 있다고 해서 다른 사람들도 모두 좋은 집을 가져야 한다고 우긴다면 정신이 나갔거나 위험한 사상을 가진 인물로 간주될 것이다. 자신의 생산물을 이웃과 나누는 것은 다른 이들의 장사를 망치고 결국은 자신의 장사도 망치는 짓이 된다.

⑪ 필요 욕구는 이 사회에서 아무 의미가 없다. 이것은 윤리적 판단이 아니라 사실을 말하는 것이다. 천사들을 집합시켜 자본주의를 관리하게 한다 해도 이 사실은 결코 변하지 않는다. 공동체의 '사회적 책임'이라는 말은, 기존 질서를 지키기 위해 충분한 수의 경찰과 구사대를 제공하는 것이다. "정부가 좀더 무언가를 해야 하지 않느냐"라는 제안이 진지하게 나오기 시작하면 산업계의 우두머리들은 곧바로 일어선다.

⑫ '인간들의 관계'라는 마르크스의 사회를 '평등하게 궁핍한 자들의 연합의 인간 도구들'이라는 현재의 관념과 비교해보라.

⑬ 마르크스의 해석은 '종교적'인가 아니면 철학적 유물론(경제적 기계론…)의 성격을 띠는가?

⑭ 오늘날 우리 사회의 다양한 집단들은, 사회 현실을 종

교적으로 해석하려는 시도가 있을 때마다 반응을 보인다. 자본주의 사회는 곧 계급 사회다. 이 논리가 정확하게 각 계급의 임무를 규정하지만 이 임무는 소유자-생산자 계급을 나눔으로써 더 잘 이해될 수 있다. 상층 계급의 현실주의는 국내 정치와 국제 정치에 반영된다. '집단적 안보'는 국내 정치에서 취하는 정책이며 '제국의 단결'은 험악한 국제 정치에서 택하는 정책이다.

⑮ 이 체제의 논리는 스스로 목을 졸라댄다. 더 효율적인 자본주의를 향한 무자비한 충동. 보조금과 관세를 요구하며 정부에 퍼붓는 압력. '눈물 없는 자본주의'는 끝났다. 이 단계의 유효성은 지나갔다는 말이다. 자본주의는 이제 식인주의를 뜻한다. 인간의 노동은 이제 골치 아픈 조건들이 모조리 떨어져나가고 생활이라는 속성이 제거된 상품이 되었다. 인간으로 희생을 치러야 이윤이 계속 늘어난다. 더 많은 사이비 인간이 필요하다. 자본주의는 이제 '속살을 드러내고' 있다. '민주주의'라는 변장 따위는 찢는 정도가 아니라 아예 벗어던지고 있다. 학생들은 '자유에 침을 뱉고', 투표는 코미디가 된다. 소리 높여 이견을 말하는 사람들이 국회의원으로 선출된다 해도 곧 위험 인물로 몰려 투옥된다. 인간들이 사이비 인간이 되듯, 공동체도 사이비 공동체가 된다. 항상 사이비 인간들의 공동체를 지지해온 조직들은 이를 환영하고 합리화한다. 보편적 공동체를 지향하는 공동체는 완전히 사

라지고, 현실과의 관계 속에서 인격적 자아의 실현을 추구하려 들면 공산주의 또는 '국가'에 대한 반역으로 낙인찍힌다. 인체의 욕구 가운데 호흡 중추보다 위에 있는 부분의 욕구는 아무것도 충족되지 못한다. 두뇌 피질은 여기에 순응하지 못하고 미쳐간다. 원래 멀쩡하던 모든 이들이 이제 제정신이 아니다. 전 세계가 정신병원 같은 분위기다. 하지만 더 심각한 신경증 환자들이 나서서 덜 미친 대중을 이끈다. 자기뿐만 아니라 이웃들도 미쳤다는 사실을 확인하면서, 유쾌한 안도감이 온 나라에 퍼진다. 이제 사람들은 자신이 사실은 전혀 미치지 않았다고 생각한다. 정작 미친 것은 세상이다. 지구 곳곳에서 사악한 괴물들을 무찌르기 위해 십자군을 조직한다. 보탄Wotan 숭배[37]가 국가적 종교가 된다.

⑯ 이에 대한 대안은 민주주의, 그것도 영구적인 민주주의로 조직된 사회주의다.

⑰ 마르크스주의자들이 세우려는 완벽한 사회는 그 자체를 목적으로 한다. 그러나 마르크스는 현재의 사회가 파괴되는 것은 공동체를 부정하기 때문이라는 사실을 알고 있었다.

⑱ 마르크스는, 인간들이 공동체를 만들 수 있는 제도를 갖춘 사회를 건설하려 했고 그로써 세계가 공동체를 이룰 수 있다고 믿었다. 그는 생계 수단을 보장하는 제도를 세우려 했던 것이다. 그러면 생활이 시작되리라. 그런데 어떤 생활인가?

⑲ 새로 건설해야 할 '체제'에 대한 고찰. 이 체제는 인간 공동체를 최대한 실현할 수 있도록 만들어주어야 한다. 그렇게 하지 못하는 체제는 결국 스스로를 파괴하게 되어 있다. 어떤 면에서는, 가장 풍요로운 인간 공동체에 가까운 사회를 만드는 것보다 현재 눈앞에 닥친 문제점들을 고쳐나갈 사회를 만드는 일이 더 쉽다. 아무리 완벽한 조직이라 해도 조직이라는 형식만으로는 우리가 원하는 사회를 결코 만들 수 없다. 그러나 보편적인 공동체를 실현하기 위해서는 그 조직이라는 형식들이 전제 조건으로 바탕에 깔려 있어야 한다.

그 형식들을 창출하는 데 반대하는 것은 이 땅에 공동체를 실현하는 것을 거부하는 것과 마찬가지다. 무엇으로 이 형식들을 채워야 할지는 여전히 고민거리지만, 과연 누군가가 인간 공동체에 진실한 마음을 갖고 있는지 알아보려면 이 형식의 성격을 결정하는 데 적극적으로 참여할 의지가 있는지를 보면 된다.

이런 형식들이 저절로 인간 공동체를 가져다주는 것이 아니라고 해서, 이러한 최소 조건의 형식들을 만들어나가는 것조차 거부한다면 이는 인간을 반(反)종교적인 관점으로 바라보는 것이다. 이런 관점은 공동체를 보장해줄(강요하는 것이 아니라) 형식들이 분명히 존재해야 한다고 말하는 셈이다. 이는 믿음이 없는 사람들이 인간을 바라보는 사악한 관점의 연장일 뿐이며, 사회가 바뀌려면 인간이 먼저 바뀌어야 한다고 생각하는 자들이 오늘날 취하고 있는 관점이다. 이것이야말로 오늘날 정통 교리의 가면을 쓰고 있는 전형적인 반(反)종교의 가장 사악한 형태의 하나다. 이는 잠재적 인격체, 즉 공동체적 인격체인 인간을 폄하할 뿐만 아니라, 대중이 '변화한다면' 사회 구조를 깨지 않고도 세상의 문제를 해결할 수 있다는 식으로 암시하는 것이다. '천사들이 떼로 몰려온다 해도' 인간적 정의와 공동체를 실현하도록 자본주의를 관리할 수는 없다. 인간을 '바꾸면' 사회가 '바뀐다'고 생각하는 사람들은, 아마 스스로 의식하지는 못하겠지만 완벽하게 악마의 앞잡이가 되어 있는 셈이다. 이제는 그들도 자신들의 주장이 잘못되었을 뿐만 아니라 자신들이 모든 인간을 바꿀 수 없다는 사실도 분명히 깨달았을 것이다. 만약 그들이 정말 인생을 소중히 여긴다면, 왜 인생의 성스러운 가치를 우리와 다음 세대까지 누리게 해줄 체제를 위해 아무것도 하지 않는가? 그들은 자본주의를 공격하는 흉내만 내고 실상으로는 그 수명을 영구화함으로써 자신들이 누리는 안락한 사치를 영원히 이어가려는 것일까? 신앙심이 깊은 사람이라면 이 세상에서 악마와 싸울 때 기도서만으로 어떻게 해보겠다는 바보짓은 하지 않는다.

자본이 인간의 노동 없이 생명을 얻을 수 없다면, 어떤 의미에서는 자본주의도 생명을 얻지 못하기는 마찬가지다. 자본주의가 필연적으로 사회주의로 이행하게 되어 있다는 주장은 그때까지는 자본주의가 계속된다는, 즉 인간의 노동이 지금의 체제 안에서 계속 자본을 위해 봉사해야 한다는 얘기가 된다. 왜 더 많은 인간들을 그런 운명으로 몰아가려 하는가? 왜 지금 당장 바꾸면 안 되는 것인가?

결국에는 사회주의가 온다고 말하는 것이 만약 "사회주의는 저절로 오게 되어 있으니 스스로 올 때까지 기다려라"라고 말하는 것이라면, 이는 숙명론을 따르는 반종교적인 태도이다. 이는 자연적(동물적) 수준의 개념이므로, 사람들을 동물적 수준에서 벗어나 사회와 사회 생활을 총체적으로 이해할 수 있도록 끌어 올리려는 사람이라면 이렇게 말해서는 안 된다. 저절로 이루어진 사회주의라면 그것이 이루어진 수준, 즉 동물적 수준을 반영할 수밖에 없다. 인간의 의식성이 이 지상——그리고 개개인이라는 하나하나의 독특한 삶의 중심들——에 이루어진다면 이런 식의 태도나 방법은 모두 비종교적인 것이 된다. 왜냐하면 이제는 대안적인 태도와 방법이 인간에게 주어지기 때문이다. 인간은 사회를 계획할 수 있다. 이를 거부하는 것은 고집스럽게 동물의 수준, 자연적인 질서 따위를 유지하려 드는 것이다.

자본주의에 내재한 치명적인 갈등과 내부의 경제적 모순의 충돌은 궁극적으로 그것의 사멸을 의미하는 것일지도 모른다. 하지만 자본주의의 사멸을 훨씬 더 설득력 있게 설명해주는, 또 (신앙이 깊은 사람들에게) 당위로 다가오는 이유는 다른 것이다. 즉, 인간은 의식을 가진 존재이므로 (오늘날처럼) 인간들이 어떤 종류의 의식을 얼마나 가질 것인지 사회체제가 결정하는 것이 아니라 인간 스스로 어떤 체제에서 살아갈 것인지 결정할 수 있고 또 결정해야 한다는 사실이다. 신은 인간의 의식이 발전하여 도달할 수 있는 높이와 성격을 마련해놓았다. 이 사실을 부인하는 종류라면 어떤 사회변혁론도 신봉해서는 안 된다.

신을 부인한 사람들 가운데 많은 이들은 삶과 세계를 단편적으로 경험해왔다. 나는 그들이 매우 진지하게 고민한 후에 신을 부인했으리라고 생각한다. 그러나 그들은 조각난 경험밖에 겪지 못했기 때문에 이 세계의 진면목을 보는 일을 시작조차 못한 것이다. 그렇게 단편적인 경험뿐이라고 해도, 마르크스의 가르침이라도 출발점으로 받아들인다면 우주에서 현실의 총체성이 무엇을 뜻하는지 깨닫기 시작할 것이다. 그렇게 된다면 그들은 이 우주 안에서 최고의 현실성과 조화를 이루며 살아가는 종교적 인간이 될 것인지 말 것인지 결정할 수 있을 것이다.

마르크스는 간혹 자신의 준거틀을 잃어버린다. 항상 세계를 관찰할 때는 사물을 비판적으로 분석하여 그것이 그곳에 살고 있는 사람들의 삶에 가장 지배적인 과정에 의해 방향지어진 사회 형식인지 아닌지를 확인하는 원칙 말이다. 종교에 대한 태도와 국가에 대한 태도, 이렇게 두 가지 문제가 있는 듯하다. 마르크스는 유럽에서 이 두 가지가 부패했다는 사실에 집착한 나머지 그것들을 본질적으로 사악한 것이라고 생각하게 되었다. 미국에서는 처음부터 사람들이 의회를 통한 자치를 선택했고 캐나다에서는 의회를 선택하고 행정부의 지배를 철폐했다는 사실이 그에게는 전혀 떠오르지 않았다. 마르크스는 단지 유럽인이었을 뿐이며, 그의 준거틀은 간혹 사물의 타락한 형태 그리고 사물 자체로 인해 흐려지곤 한다. 코민테른에 나오는 성명들이 미국에서는 명확하게 비현실적으로 들리는 것도 근본적으로 같은 이유 때문이다. 나는 마르크스가 왜 그토록 그것들의 부정적 성격에 집착했는지 이해할 수 있고 또 그것 때문에 그가 오류를 범했다고 생각한다. 그는 유럽과 전 세계를 혼동했던 것이다. 과연 마르크스주의자들은 마르크스 자신의 정신이 그랬던 것처럼 전면적이고 풍부한 정신으로 사람들을 계발시키는 교육 제도를 허용할까….[38]

제4장

우리의 이론과 실천에 대한 몇 가지 의견들

많은 사회주의자들이 다음과 같이 질문을 던졌다. 경제를 전체로서 포괄적으로 조망할 수 있는가? 편의상, 이 일의 실현 가능성 및 여러 가지 양태와 한계를 조망 문제Übersichtsproblem라고 부르자. 이 문제가 사회주의 이론의 중요한 영역에 속한다는 데는 의문의 여지가 없다. 사회주의의 목적은, 자본주의 경제 질서의 예측하기 힘든 법칙들을 의식의 힘을 빌려 근본적으로 투명한 경제 제도 장치로 대체하는 것이다. '과학적 사회주의'가 존재할 수 있는 것은, 경제의 투명성이 점점 증가할 것이라는 예측이 단지 신앙에 가까운 소망이 아니라 자본주의에 내재하는 경향이며 이것이 과학적으로 관찰 가능한 것이라는 지혜로운 통찰 덕분이다. 우리는 자본주의가 '기술적-경제적' 이유로 집적화와 집중화의 경향을 띠며, 따라서 경제 활동 과정의 투명성을 차차 증가시킨다는 경향을 띤다는 사실을 알고 있다. 그렇다고 해서 우리가 적극적으로 나서지 않아도 투명성의 문제가 어느 멋진

날에 '저절로 해결된다'는 얘기는 아니다. 경제에 대한 의식적이고 사회적인 통제를 이루기 위해서는, 우리가 우리 자신이 참여하고 있는 사회 변혁의 과정을 적극적으로 이해해야만 한다. 그 과정에 대한 우리의 이해야말로 본질적인 것이다. 조망 문제에 관한 한 사회주의 이론은 역사적인 진공 상태에다 '과학적 사회주의'라는 모델을 그냥 덮어씌워서는 안 되며, 대신 사회주의의 방향으로 나아가고 있는 현존하는 현실적 상황들에 주목해야 한다. 사회주의 이론이 조망 문제를 다루는 것이 정당성과 의미를 가질 수 있는 것은, 그 고민의 결과가 노동 계급 운동의 실천에 이로운 것으로 드러나는 한에서다. 우리는 이 점을 잊어서는 안 되며, 조망 문제의 본성이란 무엇인가라는 한심하도록 추상적인 질문을 던지는 일은 그만두어야 한다.

언뜻 보면 이 문제는 아주 간단해 보인다. 어떻게 전체 경제를 조망해낼 수 있는가? 지금까지는 통계학의 도움을 받으면 된다고 대답해왔다. 만약 그것만으로는 만족스러운 답이 되지 않는다고 한다면, 우리는 '경제를 중앙 집중적인 방식으로 조직'할 것이며 그런 방식으로 경제의 투명성이 이루어질 것이라는 대답을 듣게 된다.

이러한 '관치(官治) 경제 모델' 해법은 얼핏 보면 매우 명쾌해 보이지만, 좀더 세밀하게 살펴보면 그렇지 않다는 사실이 드러난다. 이러한 접근법을 따르면 경제 일반이 '연구 대상'이 된다. 즉 경제라는 것이 자연 현상이며 마치 비행기에서 관찰하고 둘러볼 수 있는 경치이기나 한 것처럼 되는 것이다. 하지만 경제는 자연 현상이 아니라 사회적-자연적 과정이다. 관치 경제의 이론가들은 물신주의에 빠진 고전파 정치경제학의 개념들——사회의 부를 물신화한 것으로 다루며 일정한 양의 '상품'으로 취급한다——의 오류를 피하려다 조잡한 자연주의라는 잘못된 극단으로 치닫는 경향을 보인다. 그 바람에 단지 손에 쥘 수 있는 물건, 기계, 원료 같은 용어로만 경제를 생각하게 된다. 하지만 사회주의자들이 말하는 '전체 경제에 대한 조망 경제를 이루는 사회적-자연적 과정의 궁극적 요소들을 조망한다는 의미다(혹은 적어도 그런 뜻으로 쓰여야 한다). 경제를 이루는 요소란 다음과 같은 것이다. ① 인간의 필요 욕구 ② 인간의 노동과 노고 ③ 여러 생산 수단 : 광물, 도구, 기계, 손에 넣을 수 있는 식료품, 원료, 중간 생산물, 그리고 마지막으로 가장 중요한 생산 수단인 노동력이 있다. 경제를 관리하는 사람의 임무는, 사용할 수 있는 생산 수단이 주어졌을 때 인간의 노고와 수고를 가장 적게 하여 필요 욕구를 가장 적절하게 충족시키는 것이다. 그러므로 거시경제학의 주제는, 감시탑에서 새[鳥] 떼를 관찰하듯 할 수 있는 자연 현상으로 다루어지는 '전체 경제'가 아니다. 거시경제학은 위에서 말한 인간의 필요 욕구, 인간의 노고, 생산 수단 모두를 다뤄야 한다. 관치 경제의 접근 방식은 거시경제학의 세 요소 가운데 오로지 신체적이고 물질적인 것들, 즉 노동력을 포함한 생산 수단에만 관련 있다. 그렇다면 이 접근 방식은 경제의 다른 두 측면인 인간의 필요 욕구 및 인간의 노고와 관련 있기는 한 것인가?

이 물음을 던짐으로써 우리는 조망 문제의 또 다른 측면에 이르게 된다. 조망의 형식은 주제와 정황에 따라 달라질 수밖에 없다. 외부 세계에 있는 물질적 대상(노동력, 공장, 광산, 경작지 같은 생산 수단)을 관찰하는 것과 내면적인 인간적 존재(필요 욕구, 노고, 노동)가 일으키는 심리학적, 정신적 현상을 관찰하는 것은 분명히 다르다. 생산 수단은 눈으로 볼 수 있고 만질 수도 있는 외부 세계의 측면으로, 측량과 계산이 가능하다. 그러나 다른 사람의 필요 욕구와 노고를 이해하려면 그 사람의 상황을 상상해보고 그의 필요 욕구와 고통과 노고를 느끼고 경험하며 그의 내적 자아로 들어가야 한다. 이러한 '내면 조망'은 물질적인 것과 관련 있는 외부적 조망과는 근본적으로 다른 것이다. 외부적 조망을 통해서는 경제를 이루는 세 요소 가운데 생산 수단의 문제에만 이를 수 있으며, 경제 생활의 다른 두 요소는 '내면 조망'이라는 본질적으로 다른 조망 아래 있는 것이다. 경제 관리 문제에 대한 관치적 해결 방식이 필요 욕구와 노고를 포괄할 잠재력을 갖추고 있는가라는 질문에 대한 답은, 그러한 해결 방식이 경제 생활의 내적 측면도 해결할 수 있는가 없는가에 달려 있다.

물질적 생산 수단을 일차적으로 중시하는 '통제 경제학자들'이 이 문제를 어떻게 다뤄왔는지 살펴보자. 그들이 경제를 생산의 기술적-물질적 과정으로 간주하는 한, 그들이 다루는 경제학의 범위는 생산의 영역으로 한정될 수밖에 없다. 따라서 필요 욕구와 노고의 문제는 뒤편으로 물러나게 된다. 그들은 필요 욕구를 단순히 미리 주어져 있는 것으로 가정한다. 그래서 필요 욕구에 대한 연구를 무시해버리고 대신에 지난 기간 현실에 나타난 물품 사용에 기반하여 현재의 필요 욕구를 어림하는 것이 관례다. 하지만 실제로 물품을 사용하는 와중에 필요 욕구에 대한 충족을 느껴보지 못했던 사람이라면 잘 알고 있는 바지만, 필요 욕구와 물품의 사용은 완전히 다른 문제다! 만약 과거의 물품 사용과 과거의 필요 욕구가 긴밀히 조응하는 것이며 또 필요 욕구라는 것이 변하지 않는 것이라면, 과거의 물품 사용과 현재의 필요 욕구도 긴밀하게 조응할 것이다. 그러나 이러한 점을 확실한 것으로 내세우려면 우선 필요 욕구에 대해 어느 정도 지식이 있어야 한다. 그러한 정보가 없다면 필요 욕구와 물품 사용의 사이에 등치 관계를 억지로 부여하는 것밖에는 다른 방법이 없는데, 이

때 사실상 필요 욕구는 법령으로 공포되어 '알려져 있는 것'으로 여겨지는 셈이므로 좀더 정확하게 말하면 서면상에서의 등치 관계를 부여하는 것에 불과한 것이다. 하지만 이렇게 해서는 결코 문제를 해결할 수 없다. 필요 욕구의 실제 규준을 확립하려면 우선 필요 욕구가 실제로 무엇인지 반드시 알아야 한다. 인간의 노고와 노동——이것은 일의 양과 관련이 있다—— 문제도 마찬가지다. 경제를 계획하는 자는 또한 필요 욕구의 충족과 노동의 노고와 고통의 수지를 맞춰야 한다. 하지만 노동과 노고는 경제 계획 입안자들의 관례처럼 투하된 노동이나 지불된 임금으로 측량할 수 없는 것이다. 오히려 적절하게 공정하고 정당한 임금과 노동 할당량은 부분적으로는 행해져야 할 노동의 노고와 불쾌함의 함수이다. 이 때문에 노동의 '비(非)효용'에 대한 지식이 필요하다. 노동시간과 생산량, 임금은 노동자가 실제로 들인 수고와 고역의 양에 대한 지식을 대체할 수 없다. 관치 경제는 인간의 필요 욕구 그리고 노동자의 실제 노고와 고역에 대한 문제를 겉으로만 해결하는 데 만족한 채 수수방관하고 있는 것이다.

계획화된 관치 경제에서 '내면적 조망'을 달성하는 것이 과연 가능한가는 관치 경제에서 사용 가능한 수단과 양식이 무엇인가에 달려 있다. 이제 사용 가능한 수단과 그 한계를 간략하게 살펴보자.

사용 가능한 도구 가운데 하나가 통계다. 말할 것도 없이 통계는, 계량할 수 있고 역사적으로 경험 가능한 사건인 모든 현상을 조망해낼 수 있는 일반적인 수단일 뿐이다. 통계는 결코 마술적인 해결책이 아니다. 통계는 단지 사람, 부, 토지 면적, 상품 소비처럼 현실의 계량할 수 있는 즉 외적인 정보만을 주는 데 불과하기 때문이다. 게다가 통계는 사후적ex post으로만 쓸모가 있으며 사전적ex ante이거나 현재 진행 중인 상황에서는 쓰일 수 없다. 현 시점의 내면적 질적 현상들은 통계로 파악할 수 없는 것이다. 따라서 통계가 경제 생활의 총체성을 밝히는 데는 한계가 있다. 통계는 단지 경제에 대한 외적 조망의 수단이다.

경제 계획자들이 활용할 수 있는 두 번째 수단은 조직이다. 이것은 통계와 마찬가지로 전반적으로 적용할 수 있지만 그 중요성은 훨씬 더 크다. 잘 알려져 있듯이 산업이나 지부(支部), 군대가 조직되면 감독 및 관리 능력이 크게 증가하는데, 조직은 이를 두 가지 방식으로 이루어낸다. 첫째, '하부' 계층은 반드시 '상부' 계층에게 보고해야 한다는 원칙에 따라 정보가 지도층에게 전달된다. 둘째, 지도층은 정책을 형성할 때 하부 계층이 알려준 정보의 도움을 받는다. 이렇게 해서 형성된 정책은 조직의 하부 계급이 이를 수행하는 과정에서 수정되고 발전된다. 어떤 조직이건 스스로 정보를 발생시키는 한 그러한 방식으로 통제 또는 지휘의 유기체로서 기능하게 되는 것이며, 이는 또한 조직이 부분적인 상호 보완 대신 전체적인 행정 업무를 제기하기 때문이기도 하다. 그러므로 조직이란 조망의 필요를 창출해내는 것인 동시에 조망의 필요를 대체하는 것이다. 비록 좁은 의미에서 순수하게 경제적인 목표를 추구하는 조직들이 전체 경제의 조망 문제를 해결하는 데 중요한 것은 분명하지만, 그것들이 기여하는 바는 필연적으로 한계를 갖는다.

아쉽게도 우리는 아직 사회 조직에 대한 이론을 세우지 못했다. 그런 이론의 도움을 받는다면, 경제를 전반적으로 관리하는 데 조직이 기여할 수 있는 잠재력은 그 조직을 떠받치고 있는 목표와 원칙에 따라 달라진다는 사실을 쉽게 보여줄 수 있을 것이다. 노예 군대와 같이 오직 권력의 원칙에 따라 세워진 조직은 '지도력의 조망leitungsübersicht'을 제공할 수 없다. 이런 조직의 지도층은 조직에 내재하는 정보원 외에 다른 정보원을 구해야만 제대로 조직을 이끌어갈 수 있다. 관공서처럼 법적 의무와 책무라는 원칙에 따라 세워진 조직은 '조망에 기반한 지도Übersichtsleitung'의 능력에서 한계에 부딪힌다. 이러한 조직의 업무 수행은 생산과 같은 영역에서는 매우 효율적일지 몰라도 다른 측면에서는 극심한 한계를 드러낼 수 있다. 제아무리 효율적으로 조직된 관료제라 할지라도, 조직의 밑바닥에 있는 사람들의 인간적인 노고와 필요 욕구가 어떻게 변화하는지 파악하는 '내면적 조망'을 해낼 수는 없는 것이다. 이러한 것들이 관치 경제로 달성할 수 있는 조망의 한계들이다.

중앙 계획화된 경제 방식의 가장 뚜렷한 결함은, 노동 계급 운동의 구체적 현실과 그 운동이 체현하고 있는 역사적 임무를 조화시키지 못한다는 점과 관계 있다. 관치 경제 이론가들은 노동 조합, 산업 결사체, 협동 조합, 사회주의적 지방 자치 단체들이 사회주의 경제에 기여할 수 있는 잠재력을 간과하고 있다. 앞으로 살펴보겠지만, 이러한 장치들은 경제에 대한 '내적 조망'의 기관들로서 사회주의 발전에 매우 중요한 역할을 한다. 이러한 조망의 진화는 정당, 노동 조합, 협동 조합, 산업 결사체, 사회주의적 지방 자치 단체 각각에 대해 설명해 보일 수 있다.

민주적으로 조직된 노동자 정당이 심각한 정치적 위기에 처한 상황, 즉 최고의 효율성이 필요한 순간을 검토해보자. 당의 투쟁가들과 행동 대원들의 투쟁 능력, 결의, 분위기 그리고 대중 안에 존재하는 표면과 저변의 흐름, 그 흐름의 방향과 강도——이러한 것들은 매시간마다 파악되며 당의 지도자는 가장 정교한 과학적 도구로 이에 대해 반응할 수 있다. 이러한 정당에서는 폭넓은 유권자 계층의 소망과 의지에 대한 '내적 조망'이 끊이지 않고 나타난다. 지도자는 성원들의 맥박을 느낄 수 있으며, 살아 있는 민주적 정당의 성원들은 매 순간 그 운동이 힘을 얻고 있는지를 판단할 수 있다. 조망의 투명성은 거의 전적으로 당의 민주적 성격에 달려 있다. 이렇게 살아 있는 '내적 조망'은 당 조직의 틀 안에서, 당의 지도력을 통해 유권자들의 이익을 수호하고 모든 개별 성원의 힘과 결의와 희생을 동원해내는 데 기여한다.

이러한 상황은 노동 계급 운동의 경제적 조직들과 관련하여 유사한 점이 있다.

예를 들어, 고용주 연합과의 결전을 앞둔 민주적으로 조직된 노동 조합을 생각해보자. 지도부와 성원들은 조합을 주도하는 흐름과 거기에 반대하는 움직임을 정확하고 세밀하게 읽어낼 수 있다. 따라서 그들은 자신들이 사용할 수 있는 협상력에 비추어 목표와 그 목표를 이루기 위해 뜻대로 사용할 수 있는 수단들을 저울질해본다. 앞으로 벌어질 투쟁에 대한 직접적인 이해 외에도, 덜 의식적이기는 하지만 또 다른 이해 과정이 노동 조합 운동의 흐름 안에서 작동하게 된다. 이것이 진정으로 의미하는 바는 현존하는 자본주의적 질서보다는 미래의 사회주의적 질서와 관련 있다. 따라서 노동 조합은 전면전에서 적수와 맞붙을 채비를 하기 전에 내부의 갈등과 모순들을 세심히 관찰해야 한다. 즉, 성원들 간에 갈등을 일으키는 목표와 이익들을 인지하고 평가하고 협상하여 균형을 잡아야 한다. 나이, 부양 가족의 수, 기술, 위험, 책임감, 노동의 특이성 등 조합의 요구와 관련 있는 다양한 요소들을 공정하고도 평등한 관계로 묶어내야 한다. 이러한 노력이 없다면 조합은 갈등을 일으키는 과정에서 무너져버릴 것이다. 이는 너무나 명백하며 구태여 재론할 필요도 없는 사실이다. 즉, 이러한 조정 과정은 노동 조합의 일상생활이자 통상적인 활동에 속하는 것이며 사실상 자동적으로 일어나는 것이다. 이러한 과정이 실제로 일어날 수 있다는 사실은, 노동과 관계된 성원들의 개인적, 집단적 요건들을 파악한 채 완벽하게 살아 있는 내적 조망이 노조에 존재한다는 사실을 증명해 준다. 그러므로 노동 조합은 오늘날 이미 노동계에 관련되어 있는 내적 조망의 기관이다. 지도자들과 성원들이 모든 형태의 노고에 대해 합의를 이루어내는 과정이 존재하는 한 말이다. 노동 조합은 생산 수단인 노동력의 가격이라는 외적 현상을 규제하는 기관에 그치는 것이 아니라 경제 생활에서 생산 수단과는 완전히 다른 측면인 노고에 대한 '내적 조망'을 이루어낼 수단이자 도구이기도 하다. 자본주의적 질서는 단지 노동 시장에서 노동력의 가격을 결정할 수 있을 뿐이다.

물론 우리 역시 아직은 자본주의적 임금 결정이라는 한계에 갇혀 있다. 그렇지만 우리는 조직을 이룬 노동자들이 노고를 바라보는 내적, 주관적 평가 문제를 해결하는 것에 관한 한 근본적으로 다른 양식을 가지고 있다.

산업 결사체도 똑같은 교훈을 준다. 노동 조합에서는 업무와 직업에 관련된 것이 여기서는 산업에 관련된다. 하나의 산업은 육체 노동자와 정신 노동자, 다양한 부문의 사무 노동자들로 구성된다. 하나의 산업 안에서 이 분지(分枝)들 하나하나는 특수한 역할을 맡는다. 노동자들의 산업 결사체가 고용주들과 효과적으로 싸우고 결국 전체 산업을 성공적으로 관리할 수 있으려면 각 구성 요소의 활동과 부문들이 전체 산업에서 어떤 의미를 갖는지 명징하게 조망할 수 있어야 한다. 산업 결사체를 구성하는 각 부문의 중요성이란 다수결이라는 형식적 민주주의 차원에서의 의미가 아니다. 제대로 기능하는 산업 결사체라면, 단일 기업이나 기업의 집합, 다시 말해 해당 산업 전체 내의 여러 기능들 하나하나의 상대적 중요성을 이해하고 있을 것이다. 이러한 '내적 조망'은 더 이상 사물의 질서라는 일반적 차원의 의미에서가 아니라 어떤 조직이 현실에서 추구하는 목적에서 도출되어 나온다. 한 산업 또는 한 기업의 총체성 안에서 각 부문이 갖는 기능적 중요성을 내적으로 조망해내는 것이야말로, 오늘날 노동 계급 운동이 사회주의적 미래에 이바지하는 가장 중요한 공헌의 하나다.

민주적으로 조직된 소비자 협동 조합 운동의 경우도 마찬가지다. 조합의 투표권을 가진 구성원들은 매일 노동 계급 여성들과 만나며 그들이 활동하는 공동체의 모든 주민과 관계를 맺어나간다. 따라서 조합의 지도층을 인도하고 비판하며 충고할 수 있는 능력을 가지게 된다. 소비자 협동 조합은 성원들의 필요 욕구를 '내적으로 조망'하는 기관인 것이다. 마치 가장이 가족들의 필요 욕구를 대하는 것만큼이나 소비자 협동 조합의 조망도 철저하고 포괄적인 성격을 띨 수 있다.

사회주의적 시의회는 다른 방식으로 중요한 역할을 한다. 같은 필요 욕구를 지닌 인근 지역의 주민들은 자신들과 필요 욕구를 공유하는 그 지역 출신의 지도자를 통해 공동체 전체 성원의 공통된 필요 욕구에 대한 포괄적인 조감도를 그려볼 수 있다.

그러므로 우리는 노동 계급 운동의 기존 형식들이 조망 문제에 매우 큰 의의를 지니고 있다는 결론에 도달할 수 있다. 이 모든 조직은 각자 모두가 전체 경제를 이루는 이런저런 기본 요소들을 이해할 능력에 이바지한다는 특징을 공유하고 있다.

이러한 노동 계급의 조직들은 매우 중요한 두 번째 특징을 가지고 있다. 즉, 이들 조직은 미리 머릿속에서 그려낸 관치 경제 모델에 따라 법령에 의해 인위적으로 만들어진 것이 아니라 노동 계급이 독립적으로 창출한 조직화의 결과물이다. '아래에서 위로', '안쪽에서 바깥쪽으로' 이루어진 이러한 발전은 노동 계급의 민주적인 감시 능력을 형성한다. 이러한 조직의 기초가 되는 원칙은 관치 경제 모델의 원칙과는 다르다. 우리는 다음과 같이 주장한다. 어떤 조직이 경제를 관리하는 기관으로 기능할 수 있는 가능성은 그 조직을 구성하는 중심적 원리에 의해 결정된다고. 노동 계급 운동의 조직들을 떠받치는 원리는 권력의 원리도 강제의 원리도 권위의 원리도 법적, 헌정적 권리라는 추상적 원리도 아니다. 노동 계급 운동 조직의 원리는, 동지적 협동——가장 폭넓은 의미에서——의 원리이며 동등한 관계의 원리이며 진정한 자주적 조직의 원리인 것이다. 우리의 주된 결론은 다음과 같다. 자조적(自助的) 조직Selbstorganisierung이란, 그 조직을 발생시킨 한 일상생활의 특정한 측면을 내적으로 조망하게 해주는 도구다. 소비재에 대한 필요 욕구를 충족시켜줄 소비자 협동 조합을 만들기 위해 다른 이들과 뭉치는 사람이라면, 그가 누구든 구성원들의 필요 욕구가 지향하는 바와 그 강도에 대한 민주적인 내면 감시 기관을 창출하는 데 기여하는 셈이다. 어떤 사람이 업무와 직업을 방어하고자 노동 조합을 구성하기 위해 다른 이들과 연대한다고 가정해보자. 그런 사람은 누구든, 노동 조건과 노고에 대한 구성원들의 다양한 관점이 지향하는 바와 그 강도에 대한 민주적인 내면 감시 기관을 창출하는 데 기여하는 셈이다. 한 산업 안에서 서로 다른 업무나 부문에 속한 노동자들이 산업 결사체를 만들기 위해 단결한다면, 그들은 전체 산업을 구성하는 다양한 분야와 부서들에 대한 민주적인 내면 감시 기관을 창출하는 셈이다. 어떤 지역의 주민들이 집단적인 필요 욕구를 충족시키기 위해 사회주의적 지방 자치 공동체의 틀 안에서 다른 이들과 뭉친다면, 그들은 지방이나 도시의 주민들로서 그들의 집단적 필요 욕구가 지향하는 바와 그 강도에 대한 민주적인 내면 감시 기관을 창출하는 셈이다. 각 개인이 조직에 적극적이고 능동적으로 참여할수록 지도층이 구성원들에게 봉사할 수 있도록 효율적으로 도와주는 셈이며, 궁극적으로는 지도층이 사회에 대한 경제적 조망을 얻도록 힘을 주는 셈이다.

이 모든 것들이 노동 계급 운동의 실천에 던지는 함의는 무엇인가? 이러한 통찰이 실제로 소용 있는 것인가? 적어도 한 가지 점에서는 그렇다고 말할 수 있다. 조망 문제의 본질을 꿰뚫는 이러한 통찰은 조직화라는 중요한 실천적 문제에 대해 몇 가지 명료하고 단순한 기준을 제공한다. 무릇 올바른 조직 형식이란 상황이 진행되는 와중에서 특정한 필요 그리고 현실을 지배하는 상황과 조응하도록 자연스럽게 나타나는 법이다. 동시에 조직 모델들 사이에서 간혹 선택을 해야 하는 일이 있다. 그러한 상황이 다양한 가능성 가운데 어떤 것을 선택하는 것이 올바른 사회주의자의 길인가라는 실속 없는 논쟁으로 이어지는 경우가 너무 많았다. 이러한 경우 우리는 다음과 같은 질문만 던지면 된다. 있을 수 있는 다양한 조직 형식 가운데 어떤 것이 최대의 조망성Übersichtlichkeit을 가져다줄 것인가? 관치(통제) 경제의 옹호자들에게는 매우 친근하겠지만 우리에겐 낯설고 친숙하지 못한 그런 조직들이 진보적인 것으로 간주되는 것은 오로지 그러한 조직들이 가져다주는 이점이 매우 커서 '민주적인 내면 감시'가 희생——이는 거의 항상 불가피하다——되는 정도가 충분히 보상될 때뿐이다. 새로운 '조직'이라고 해서 모두 사회주의적 의미에서 조직의 진보를 나타내는 것은 아니다. 잘못된 조직도 있기 마련인데, 이런 일을 피할 수 있는 한 가지 방법은 투명성, 즉 그 조직이 본질적으로 어느 만큼이나 조망에 기여할 수 있는지 심사하는 것이다. 관치 경제를 실험하는 이들은 (아마도 의도는 좋았겠지만) 새로운 조직을 창출하는 데 열중한 나머지 이러한 심사 기준을 어기고 말았다. 둘째, 노동 계급 조직의 효율성은 그 조직 내부의 민주주의가 얼마나 탄탄한가에 달려 있다는 점을 깨닫기만 한다면 실무 조직가들은 노동 계급 조직에서 민주주의가 얼마나 중요한지 깊이 이해할 수 있다. 셋째, 조직가들은 조직의 상황을 포괄적으로 조망하는 것은 지도층만으로는 충분하지 않으며 성원들이 그 과정에 참여할 때 조망의 정도를 크게 증가시킬 수 있다는 사실을 배울 것이다. 실제로 성원들을 참여시키는 것은, 조직 건설의 실제 사업 중에서 어려우면서도 흥미로운 임무라 알려져 있다. 지도력만으로는 결코 성공할 수 없다. 모든 노동자가 조직의 성공을 위해 저마다 최대의 노고를 바쳐야 한다. 상황을 최대한 이해하고 조망하고자 하는 전체 성원들의 열망은 조직 활동가들에게는 그 조직의 일상에서 개별 노동자들이 어떻게 참여하는 것이 최상의 형식인가라는 질문에 대한 유용한 길잡이로 받아들여져야 한다. 이러한 의미에서라면, 사회주의로 가는 길이 무엇보다도 조직 문제에 있다는 말은 실로 타당한 이야기다.

노동 조합, 산업 결사체, 협동 조합, 사회주의적 자치 단체, 사회주의 정당 등이 경제 생활의 조망에 기여하는 바가 무엇인가에 대한 이러한 통찰은, 노동 계급 운동의 궁극적 목적과 목표가 무엇인가라는 문제와 결코 무관하지 않다. 오토 바우어Otto Bauer는 기능적 민주주의funktionale Demokratie를 '전체의 이익에 봉사하려는 동지들의 끊임없는 협동 그리고 각자의 직업과 기능 속에서 모든 개인이 효과적으로 자신의 일을 수행하는 것'으로 정의한 바 있는데, 이것은 모든 개인이 자신의 기능을 의식할 때에만 비로소 가능하다. 교육적 노동이 필요하다는 것이 사회주의 조직의 유일한 문제라는 바우어의 주장은 절대적으로 옳다. 노동 계급 운동 안에서 모든 개인의 기능에 대한 의식을 어떻게 일깨울 것인가라는 문제에 관해서, 우리는 거듭 주장한다. 사회주의의 모든 문제와 관련하여 다음의 주장은 진실하며 유효하다. "맥락 없이는, 구체적 환경 없이는, 그리고 집단일 경우에는 조망 없이는 어떤 의식도 일어날 수 없다. 모든 개인이 저마다 자신의 경제적 기능을 각성하려면 우선 경제의 모든 요소들에 대한 조망과 집단적 이해가 있어야 한다. 그러한 조망을 이루어낼 수 있다는 것이야말로 독창적이며 든든히 뿌리내린 노동 계급 운동 조직들이 얻어낸 가장 중요한 성과 가운데 하나다. 조망 문제의 해결에 대한 우리의 기여는, 사회주의의 살아 있는 핵심인 기능적 민주주의라는 더 큰 문제와 관련 있는 것이다.

제5장

전 세계적 자본주의인가
지역적 계획경제인가

I

우리 세대에는 여러 분야에서 온갖 변화가 일어났지만, 그 중에서도 가장 격렬한 지각 변동을 일으킨 것은 국제적 차원에서 인간의 삶이 조직되는 방식이었음이 분명해지는 것 같다. 항상 뻔하게 전개되는 권력 정치의 논리란 이념에 봉사하기보다는 이념을 자신의 시녀로 만들 때가 더 많은 법이다. 하지만 그래도 우리는 그 이면에서, 보통 사람들의 마음속에 깊숙이 뿌리내린 소망을 비록 우연적으로나마 충족시킬지도 모를 광범위하고 의미 있는 정책들이 생겨나는 것을 볼 수도 있다. 영국에서는 예상치 못한 경로를 통해서이긴 하지만 민주적 사회주의가 실현될 기회가 (바로 얼마 전까지만 해도 대부분의 사람들이 이런 것은 있을 수 없다고 단언했다) 매우 많아진 것 같다. 하지만 국내 정세의 향방에 상관없이 전 세계의 정치 체제는 분명 전환점에 이르렀으며, 그 결과 영국은 갈림길에 서게 되었다. 이 상황은 우리와 너무 가까이 있는 동시에 너무 광범위한 것이라 명확히 인지하기가 쉽지 않지만, 그래도 우리의 나아갈 바를 빨리 잡을수록 좋을 것이다.

영국, 러시아, 미국 세 나라의 외교 정책의 바탕을 이루는 경향들을 좀더 정확히 살펴본다면 이 점을 깨닫지 않을 수 없다. 전통적인 외교 정책의 유형들로는 세 나라의 현재 외교 방식을 충분히 설명하기가 어렵기 때문이다. 현재 이 강대국들이 문제 삼는 것은 주어진 국제 정치 유형에서 자신들이 차지하는 위치라기보다는 국제 정치 유형 자체다. 거칠게 보자면 미국은 19세기 사회라는 단일한 국제 정치 유형에 어울리는 반면, 영국을 포함한 다른 강국들은 현재 새로운 형태로 옮아가고 있는 다른 종류의 국제 정치 유형에 속한다. 각국은 현재의 세력 균형에서 자신의 안전을 보장해줄 국제 정치 유형을 선호할 것이며, 또 합리적으로 행동한다면 마땅히 그래야 한다. 당연히 여러 다른 국제 정치 유형들이 갖는 의미를 바르게 읽어내는 것이 가장 중요한 일이다.

우리 시대에 벌어진 엄청난 사건은 자유주의적 자본주의, 세계 혁명을 지향하는 사회주의, 인종적 지배라는 세계적 규모의 세 가지 형태의 사회가 동시에 무너지고 있다는 것이다. 이것들이 갑자기 사라지자 전례 없이 격렬한 변화가 나타나고 있으며 국제 정치에서도 새로운 시대가 시작되고 있는 것이다. 5개년 계획의 영광과 고난, 모스크바 재판이라는 시련, 스탈린그라드에서의 빛나는 승리 등을 겪으면서 '지역적regional' 사회주의가 세계 혁명을 지향하는 사회주의를 극복했다. 금본위제가 무너지고 그 여파로 수백만의 실업자와 유례없는 사회적 손실이 나타나면서 자유주의적 자본주의는 종말을 고했다. 히틀러는 지구를 정복하기 위해 전 세계적 규모로 전투를 벌였으나, 히틀러식의 지배 원리는 전투장 곳곳에서 분쇄되었다. 그리고 이 거대한 변화 속에서 스스로 고유한 범위를 갖는 다양한 형태의 존재들이 나타나기 시작했다. 그 존재들이란 새로운 형태의 사회주의, 새로운 형태의 자본주의, 새로운 형태의 계획 및 반(半)계획 경제로서, 이들은 모두 본성상 지역적이다.

이러한 과정은 15세기 말경에 벌어진 유럽 국가 간 체제의 확립을 거의 정확하게 빼다 박은 것이었다. 양쪽 모두 변화의 근원은 전 세계적 보편 사회의 붕괴에 있다. 중세의 전 세계적 보편 사회는 무엇보다도 종교적인 사회였던 반면, 우리 시대의 그것은 경제적인 사회이다. 세계 경제의 19세기 체제가 몰락하자 그 필연적 결과로 제한된 크기의 경제적 단위들이 출현했다. 보편적인 경제의 진정한 상징이었던 금본위제를 생각해보면 이 점은 더욱 자명하다. 이전에는 '대외 경제'[39]가 '스스로의 논리로 관리'되었으나 금본위제가 사라지면서 각국은 직접 자신의 대외 경제를 관리해야만 했다. 새로운 상황에 대처하려면 새로운 기관들을 개발하고 새로운 제도들을 세워야 했다. 이제 세계 인민들은 이처럼 새로운 조건 아래에 살고 있으며, 이 조건들은 그들에게 새로운 삶의 방식을 진화시키도록 재촉하고 있다. 그들의 '대외 경제'는 정부가 맡아보고 있으며, 통화는 관리되고 있고, 대외 교역과 대외 대부는 통제되고 있다. 국내 제도들은 많이 다를지 몰라도 '대외 경제'의 관리를 원활하게 하는 제도들은 실질적으로 동일하다. 이제 나란히 공존하는 지역적 체제라는 영속적 유형이 새로 나타난 것이다.

그런데 주목할 만한 예외가 하나 있다. 미국은 여전히 자유주의적 자본주의의 온상으로 남아 있는 데다 자유주의적 자본주의라는 파멸적인 체제에 포함되어 있는 유토피아적인 정책 노선을 독자적으로 추구할 수 있을 만큼 강력하다. 여기서 그것을 유토피아라고 부르는 이유는, 1914년 이전의 세계 질서, 즉 금본위제와 여러 주권 국가들을 갖춘 질서를 복구하는 것은 본질적으로 불가능하기 때문이다. 하지만 미국으로서는 다른 대안이 없다. 미국인들은 대부분 자신들의 삶의 방식을, 고전적인 자유 방임까지는 아니더라도 사적 기업 및 영리적 경쟁과 동일시한다. 부유하건 가난하건 미국인들에게 민주주의라는 말이 뜻하는 바는 바로 이 사적 기업과 영리적 경쟁이며, 그들은 이것이야말로 대다수 국민에게 사회적 평등을 가져다준다고 생각한다. 1930년대 초의 대공황도 미국인들의 자유주의적 자본주의에 대한 편애를 손상시키지 못했다. 그저 자유 방임주의 경제학이 자본주의를 정당화하는 아부의 목소리가 자신을 감싸던 신비의 휘광을 조금 어둡게 한 정도였을 뿐이다. 주로 세계 혁명을 지향했던 소수의 사회주의자들 그리고 좀더 숫자가 많았던 의식적 파시스트들을 뺀 나머지 미국인들에게는, 자유주의적 자본주의의 엄청난 성취들이야말로 사회 조직의 영역에서 가장 중심적인 현실로 보였다. 공장 입법, 사회 보험, 관세, 노동 조합, 심지어 테네시 강 유역 사업T. V. A. 정도의 규모로 벌어진 공공 서비스의 실험마저도 미국에서 자유주의적 자본주의가 차지하는 위상에 별다른 영향을 주지 못했다. 그것은 유럽에서 시작된, 개입주의와 사회주의를 지향하는 운동이 1914년까지 미친 영향 수준에 그치고 말았다. 아마도 언젠가는 뉴딜 정책이 산업 사회의 문제를 풀 독립적 해결책의 출발점이며, 유럽 대부분을 파괴한 사회적 파국을 피할 현실적 탈출구임이 밝혀질 것이다. 하지만 아직 그날은 오지 않았다.

토지, 미숙련 노동, 지폐가 자유롭게 공급되었으므로 미국의 자유주의적 자본주의는 최소한 1890년대라는 새로운 시대가 오기 전까지는 사회의 뼈대인 인간과 토지에 치명적인 위험을 주지 않고도 작동할 수 있었다. '자기 조정적' 자본주의가 위험을 피할 수 없었던 것과는 다른 모습이었다. 그러므로 미국인들은 미국 밖의 세계에서는 더 이상 지지하지 않는 생활 방식을 아직도 신봉하고 있다. 이 방식은 비록 지지하는 사람들이 많지 않다 해도 그것을 믿는 소수에게 다시 지구를 정복하려는 신념을 갖게 할 만큼 보편성을 띠는 것이다. 대외 경제라는 결정적인 문제에서 미국인들은 19세기의 방식을 지지한다.

여기에서, 최소한 영국과 소련은 다른 나라들과 함께 미국과는 다른 유형을 따를 것이라는 잠정적인 결론이 나온다. 영연방과 소비에트 연방은 지역에 군림하는 강대국들로 이루어진 새로운 체제의 일부를 형성하는 반면, 미합중국은 이미 퇴물이 되어버린 자신의 자유주의적 경제에 들어맞는 전세계적인 세계상을 고집한다. 그런데 영국의 반동적 인사들은, 영국의 대외 경제 체제도 옛날로 되돌려 미국의 체제와 일치시키는 것이 아직도 가능하다고 믿고 있다. 이것이 오늘날의 핵심적인 문제다.

II

러시아가 힘을 얻는 가장 큰 근원은 지역주의 노선에 철저한 데 있다. 스탈린주의가 트로츠키주의를 누르고 승리한 것은, 러시아의 외교 정책이 세계 혁명이라는 희망에 의지하는 경직된 세계주의에서 거의 고립주의에 가까운 지역주의로 돌아섰음을 의미한다. 트로츠키가 전통적인 혁명 정책의 노선을 따른 반면, 스탈린은 과감한 혁신을 이룬 것이다. 공산주의자들은 이러한 사실을 부인함으로써 우리로 하여금 스탈린 정책의 새로움을 깨닫지 못하게 했고 헤어날 길 없는 혼돈을 불러일으켰다.

우선, 사회의 변혁을 활용하는 데 완전히 새로운 태도가 나타났다. 전승국인 러시아 제국은 자신의 독립을 당연한 것으로 받아들이고 있으며, 주요 관심사는 지속적인 평화이다(이 평화만 확보된다면 소비에트 연방은 5개년 계획을 대여섯 번 거듭하여 미국의 산업 효율과 생활 수준을 따라잡을 수도, 심지어 능가할 수도 있을 것이다). 러시아는 국제연맹이나 세계 연방 같은 전 세계 차원의 해결 방식을 배제했기 때문에 러시아의 평화는 주변국들의 외교 정책에 달려 있다. 러시아인들은 서쪽 국경에 우호적인 국가들만을 둔다는 목표에 있어서는 단호한 태도를 취하지만, 스스로의 영토를 확장하여 그 인접국들을 병합해버리는 것에는 질색한다. 헌법도 서쪽 국경에서 우호적 외교 관계를 유지하는 것이 더 쉬워지도록 개정되었다. 새로운 헌법에 따라 러시아보다 작은 인접국들은 이제 자기들과 바로 맞닿은 소비에트 연방 소속 국가와 정책의 조화를 이루어나가는 데 굳이 소비에트 연방이라는 거대한 존재와 협상을 하지 않아도 아무런 문제가 없다. 소비에트 연방은 독일 침공에 맞서 주변국들에게 슬라브 민족의 연대를 제공하고, 그 주변국들을 독일 편으로 끌고 가는 유일한 요소는 그 나라 지배자들의 계급적 이익일 뿐이라고 가정한다. 따라서 소련은 이 나라들의 봉건 계급과 '중공업' 산업자본가들의 정치적 영향력을 깨뜨리고 싶어 한다. 그러기 위해서 사회 경제적 수단을 사용하려고 하는데, 이때 그 목적은 오로지 친독일적인 정치 세력을 배제한다는 것일 뿐이다. 즉, 소련은 단지 한정된 정치적 목표를 위해 경제적 급진주의를 이식하려는 것이다. 소련이 지지하는 이러한 개혁을 예를 들어 폴란드와 같은 상황에 적용한다면, 사회주의의 실현 그 자체를 목적으로 삼는다는 보통 의미에서의 사회주의 혁명이 아니라, 소유 체제의 전반적 변혁은 회피하면서 단지 봉건 계급의 정치 권력만 분쇄하려는 민중 봉기를 뜻하는 셈이 될 것이다. 이런 혁명들이 기존의 무제한적 연속 혁명[40]보다는 훨씬 안전하다. 최소한 동유럽에서 사회주의 혁명은 파시즘의 반혁명을 일으키거나 러시아의 총칼의 힘을 빌려야만 가능한 것인데, 러시아로서는 그런 무력을 제공할 뜻이 전혀 없다.

보통의 혁명가라면 이런 식의 전망만큼이나 시시한 것도 없을 것이다. 혁명가라면 여기에 진심으로 동의할 리 없으며 심지어 무슨 말인지 이해조차 하지 못할 것이라 해도 과언이 아니다. 전통적으로 혁명가들에게 정치적 행동이란 사회 경제적 차원의 목적을 달성하기 위한 수단이었다. 그러므로 정치적 목적을 달성하기 위해 국유화나 농지 개혁 같은 사회 경제적 과제를 수단으로 삼는 식으로 순서를 뒤집는 전

략은 전통적인 혁명가들에게는 부자연스러워 보일 것이다. 사실 러시아인들 스스로도 이런 방법을 사회주의적인 것이라고 보지는 않았다. 이 방법들이 단지 러시아인들의 안보를 지키기 위해 고안된 것일 뿐이기 때문이다. 그럼에도 불구하고 그들은 세계 혁명을 지향하는 어떤 사회주의자들이 시도했던 것보다 더 효과적으로 민주주의적인 사회주의를 이루어낼지도 모른다.

이로써 사회주의는 이데올로기라는 천상의 영역에서 현실의 세계에 안착하게 되었다. 외부의 위협에 맞서 공동체를 지켜줄 정책을 사람들이 얼마나 열렬히 지지하는지는 이미 우리 세대가 똑똑히 깨달은 바 있다. 러시아인들은 인접국들에게 개조가 불가능할 정도로 반동적인 계급들만 제거한다면 국가 안보를 보장해주겠다고 약속한다. 그들이 진주한 인접국 안에서 사유 재산에 대해 수용(收用, expropriation)과 궁극적인 몰수confiscation[41]를 제안하는 것도 그 계급을 제거하기 위해서다. 이러한 방법은 딴 곳에서라면 인기가 없을지 몰라도, 이를 통해 국가 안보의 수단을 얻게 될 공동체에서라면 강력한 지지를 받기 마련이며, 이는 결코 놀라운 일이 아니다. 교회 재산의 세속화라는 쟁점이 얽히게 되자 종교 개혁의 무대가 승원의 쪽방에서 군주들의 추밀원으로 옮아갔다는 사실을 기억해야 한다. 마찬가지로 사람들은 국가 안보라는 정치적 재화를 가져다줄 수만 있다면 민첩하게 사

회주의적인 정책을 단행할 수 있는 것이다.[42]

바로 이러한 지역주의적 성격 덕분에 러시아 사회주의는 성공이 보장되었다. 또한 러시아의 사회주의가 그저 더 전면적인 전쟁과 혁명의 서막이 되고 마는 사태가 방지되고 있다는 결론이 나온다. 사회주의 자체를 목적으로 인접국에 확산시키려 든다면 전면적 전쟁과 혁명이 일어날 수밖에 없다. 이 새로운 사회주의 정책은 결코 수출용품이 아니다. 이는 소련의 국가 존망을 뒷받침하는 기초인 것이다.

지역주의는 또한 동유럽 전역에 만연한 최소 세 가지는 되는 정치적 질병 즉 편협한 민족주의, 왜소한 독립국들의 할거, 또 이들 간의 경제적 비협조 문제를 고쳐줄 수 있다. 이 세 가지는 모두 여러 인종이 섞여 사는 지역에 시장 경제가 실시되는 바람에 필연적으로 나타난 부산물들이다. 19세기의 적대적 민족주의는 시장 경제가 확장되는 경계선 안에서만 나타난 것이었다. 시장 경제가 중유럽, 동유럽, 아시아로 확장해나가는 과정에서 독기 품은 19세기의 민족주의는 오로지 그러한 시장 경제가 발전한 나라들에서만 나타났으며, 토착 중산 계급이 자신들이 통제하는 신용 체계의 지배를 확립하는 곳과 시장 경제는 중유럽, 동유럽, 아시아로 확장되어나가는 경로와 지리적으로 완전히 일치했던 것이다.[43] 비스툴라 강 유역이나 다뉴브 강 유역 같은 다민족 지역에서 이 적대적 민족주의는 신경질적일 만큼 배타적인 국가들을 낳았다. 이 국가들은 자국의 정치적 혼란을 제어할 능력이 없어 서로에게 무정부 상태를 전염시킬 뿐이었다. 게다가 경제학의 틀에 갇혀 단순하고 편협한 시각을 갖고 있는 공리주의적 자유 무역 옹호자들은 무척 놀라겠지만, 이렇게 해서 해결되지 않는 인종 분규 때문에 분쟁하고 있는 나라 간에는 시장마저 제대로 작동하지 않게 되었다. 볼셰비키들은 이런 종류의 민족주의는 19세기 경제학이 다민족 지역에 적용된 결과일 뿐이라는 점을 금세 간파했다. 그들이 영토 안팎에서 겪은 경험은 다음과 같은 사실을 가르쳐주었다. 어디서나 시장 경제라는 방법을 버리고 계획적 교역을 시행하기만 하면, 길길이 날뛰던 국수주의의 광폭함도 사라지고, 국가 주권도 이성을 되찾게 되며, 국가 번영을 위협하는 것이라 경원시되던 경제적 협조도 다시 상호 부조로 간주되기 시작한다. '신뢰'라는 신용 체계의 기초를 행정 체계로 대체하자마자 공황이라는 메커니즘으로 통치하던 금융이라는 폭군은 쫓겨나고, 건전하고 분별 있는 판단이 현실을 주도하게 되는 것이었다. 물론 사회주의적 형태든 아니든 경제적 지역주의를 실행한다면, 또 민주주의적 형태든 아니든 계획경제를 실행한다면 다뉴브 강, 비스툴라 강, 바르다르 강, 스트루마 강 지역처럼 다양한 민족들이 퍼즐처럼 어울려 사는 곳에서도 비슷한 효과가 나타날 것이라는 점은 인정해야 할 것이다. 하지만 이미 일어난 사실을 보면, 역사가 베푼 기회는 러시아인들에게 돌아갔고 그들은 자연스럽게 자신들에게 바쳐진 것을 취했다.

지역주의가 만병 통치약은 아니다. 그것으로 별 효과를 볼 수 없는 많은 오래된 문제들 그리고 아마도 많은 새로운 문제들이 있을 것이다. 그럼에도 불구하고 지역주의는 동유럽이 앓고 있는 수많은 질병을 치유해줄 수 있는 방책이다. 그리고 이 점이 이 지역에서 러시아인들의 정책이 갖는 우월성을 설명해준다. 우리가 대서양 헌장[44]에 떠밀려 자유시장이 이미 사라진 곳에다 자유시장을 복구한다면, 광기 어린 민족주의가 이미 사라진 지역에 그것이 다시 들어오도록 문을 열어주는 셈이다. 국지 시장들을 '자유화'시키는 것만으로도 우리는 실업과 굶주림을 그 해방된 지역에 수입시키게 될 뿐만 아니라, 그곳 사람들이 안간힘을 다해 막 빠져나온 무정부 상태로 그들을 다시 몰아넣었다는 책임을 짊어지게 될 것이다. 티토Tito 원수의 빨치산은 더 이상 시장의 지배를 받지도 않고 중산계급이 주도하지도 않는 체제를 상정하면서 출발하고 있다. 단지 이러한 이유만으로도 그들이 발칸 지역의 증오를 해결할 가능성은 매우 크다. 이것이 마케도니아에 기적을 불러올 열쇠다. 장차 유럽 전체가 발칸식 해법을 간절히 원하게 될 수도 있으며 이때 지역주의는 최고의 중요성을 가질 것이다.

III

이로써 자유주의적 자본주의가 단순히 오늘날의 국내적 문제가 아니라는 점은 뚜렷이 드러난다. 자유주의적 자본주의는 무엇보다도 먼저 대외 정책의 문제이다. 금본위제의 실패에서 보았듯이, 사적 기업이라는 경제 운영 방법이 파산했던 곳도 바로 이 대외 정책의 영역이며, 사적 기업이라는 방법에 집착한 나머지 현실적 해결책을 찾지 못하고 있는 곳도 대외 정책의 영역이다. 자유주의적 자본주의는 단순한 하나의 신조에 바탕을 두고 있다. 대외적인 구매와 판매, 대부와 차입 그리고 외환 거래가 벌어지는 단위는 개인들로서, 마치 그들 모두가 같은 나라의 국민인 것처럼 상정하는 것이다. '대외 경제'는 이로써 사적 개인들 간의 문제가 되고 시장 메커니즘은 만국의 대외 경제를 저절로 '균형에 이르게' 해주는 거의 기적에 가까운 힘을 갖는 것으로 신뢰받는다. 이러한 유토피아적인 관념은 현실에서 반드시 무너지게 되어 있으며, 실제로 무너지고 말았다. 금본위제는 대규모 실업을 낳고 이 대규모 실업으로 인해 금본위제 자체도 파괴되었다. 사실 '대외 경제'를 다루는 데 금본위제를 대체하고 들어선 새로운 방법은 국제적 협조라는 목적을 이루는 데 있어서 비교할 수 없을 만큼 효율적이다. 이 새로운 방법을 통해 이전에는 해결되지 않았던 문제들이 해결될 수 있다.

원자재 배분, 가격 안정, 심지어 모든 나라의 완전 고용 달성까지도 해결될 수 있다. 시장 체제 아래서는 이런 문제들 하나하나가 모두 무정부 상태를 불러일으키는 항구적인 원천이었다. 시장이 훨씬 더 보편적이고 전 세계적인 규모로 작동되게끔 만들어졌다면 문제가 없지 않았을까라는 생각은 결코 검증될 수 없을 것이다. 왜냐하면 이러한 실험은 먼저 전 세계에 걸쳐 시장 체제를 복구한다는 불가능한 일을 전제로 하기 때문이다. 그런데 이것이야말로 미국이 자신들에게 부여된 것이라 믿고 의연히 추구하고 있는 과제다. 그래서 미국은 이런 시도가 실패하게 되어 있다는 사실을 어쩌면 오래도록 깨닫지 못할지도 모른다. 월 스트리트가 꿈꾸는 저 반동적인 유토피아에 대한 대안은, 대외적인 교역, 대부와 지불을 다룰 새로운 기구들과 기관들——이러한 것들이 지역적 경제 계획의 본질적 내용이 된다——을 정교하게 발전시키는 것이다.

영국의 선택은 여기에 있다. 영국은 섬나라 제국으로서 문명에 걸맞은 생활 수준을 유지하려면 수입에 의존해야 하며, 영연방의 존속을 유지하려면 해외의 영토에서 오는 자유로운 협조에 의존해야 한다. 따라서 '대외 경제'는 영국의 여러 정책의 중심축이 될 수밖에 없다. 대외 경제를 계획으로 조직하지 않고서는 완전 고용도 탄력적인 통화 공급도 지속적인 수입도 가능하지 않다. 하지만 계획된 대외 경제의 도움을 얻는다면 영국은 전 세계가 지역적으로 새롭게 조직되는 와중에서 엄청난 정치적, 경제적 이익을 얻을 수 있을 것이다. 영국은 1931년에 금본위제에서 탈퇴하여 자본 통제를 도입하고 불환지폐제로 전환함으로써 결정적인 한걸음을 옮겨놓았다. 오타와Ottawa에서는 거기에 더하여 전국적 정부를 반(半)상시적인 기구로 확립했다. 그리고 전쟁 동안에는 더욱더 인상적인 변화가 봇물 터지듯 뒤를 이었다. 영국은 더 이상 자유 무역 국가가 아니며 금본위제를 취하고 있지도 않으며 국내의 사적 기업들을 생각할 수 있는 모든 방법을 동원하여 간섭해오고 있다. 또 영국은 통제에 기초하여 누가 그 통제의 책임을 맡는가와는 상관없이 대외 경제 활동 전부를 조직할 능력을 완전히 갖추고 있다. 그리고 이 모든 변화가 일어나는 와중에서도 개인들의 가장 중요한 여러 가지 자유나 공공의 여론을 형성할 자유는 조금도 침해되지 않았다. 사실 지금처럼 공적 여론이 정부의 머리 위에 완전히 군림한 적은 결코 없었다.

산업에 간섭하지 않는다는 금기를 무시하는 바람에 영국이 제국 차원의 존재에 타격을 입고 일개 국가 차원으로 전락한 것은 아니었다. 오히려 대영제국은 자유주의적 자본주의, 자유 경쟁, 금본위제를 비롯하여 시장 사회를 신성하게 해주던 그 모든 신비의 미몽에서 벗어난 뒤 해마다 더욱더 건강하게 단합되어왔다. 이제 그 어떤 것도 영국이 지역주의적 경제학이라는 새로운 방법을 통해 실업을 막고, 정기적으로 통화량을 조절하고, 대량의 수입을 조직하고, 대외 투자를 지휘하며, 대규모 물물 교역을 안배하고, 중공업 수출을 융자하며, 다른 정부와 장기적인 산업 협조 계약을 맺는 것을 막을 수 없다. 이렇게 하여 영국은 국내의 고용과 생활 수준을 대외적인 교역, 해운, 금융, 통화 정책과 조화시켜서, 신중한 토론을 거쳐 설립되고 목적 의식적으로 관리되는 국가적 체제가 가져다주는 현대 세계의 혜택을 모두 확실히 챙길 수 있게 된다. 영국이 경직된 계급적 사회 구조임에도 불구하고 젊은 미국 사회보다 앞서서 새로운 경제 체제의 요구들에 적응해나갈 수 있는 행운은, 바로 대외 경제가 국내 교역보다 더 통제하기 쉽고 또 통제가 더욱 절실한 부분이라는 점 때문에 생겨난다.

그러나 이러한 이점이 지금 사라질 위험에 처해 있다. 저 결정적인 1931년의 위기의 몇 주——영국의 은행들은 도산 위기에 처했다가 결국 금본위제를 희생하여 구제되었다——동안 영국이 그토록 큰 대가를 치르고 얻었던 자유는, 영-미 간의 불평등한 협조 정책 때문에 다시 위험에 빠지게 되었다. 영국이 지역주의를 택하여 독특한 이점을 취할 수만 있다면 소비에트 연방 및 미합중국과 대등하게 협조——그들 아대륙(亞大陸)과 경제적 거래를 하려면 이러한 협조는 특히 필수적이다——할 수 있지만, 이러한 영-미 간의 불평등한 협조 정책 때문에 그러한 이점을 얻지 못하게 되고, 오히려 영국의 생존에 반드시 필요한 대외 교역을 통제할 기관들을 잃게 된다. 영국은 대외 교역이 차지하는 비중이 매우 적은, 미합중국의 대륙 경제에나 적합한 낡은 체제, 즉 전 지구적인 자유주의적 자본주의 안에서 아무런 힘도 없는 동반자가 될 뿐이다. 영국은 유럽 대륙에서 소비에트 연방과 긴밀한 산업적 협조를 맺음으로써 행동 반경을 넓히고 생활 수준을 높이며 앞으로 건설적인 평화를 향한 모험을 해나갈 수도 있다. 그런데 영국은, 미국의 무능력한 동반자라는 미심쩍은 특권을 미끼로 하여 소련과 협조할 가능성을 포기하라고 권고받고 있는 것이다.

전 세계적 자본주의의 위대한 상징은 금본위제이다. 1914년 이전 같은 식의 금본위제는 다시 도입되지도 않을 것이며 또 도입할 수도 없다고 할지 모른다. 그래서 미국이 금본위제를 복구하려는 것에 경종을 울리는 것은 돈키호테의 풍차처럼 있지도 않은 적과 싸우는 바보짓이라고 반론을 제기할 수도 있겠다. 하지만 이런 주장은 문제를 덮어버리는 말장난에 지나지 않는다. 옛날의 금본위제는 물론 완전히 쓸모없는 장식품이 되어버렸고, 아무도 금본위제를 부활시키려고 하지 않을 것이다. 비록 얼마 전까지만 해도 국제연맹의 전문가들이 그것만이 미래의 번영을 가져올 유일한 조건이라고 선언했다 해도 말이다. 그런데 불행하게도 미국이 지금 기를 쓰고 추구하는 것은 단지 흔적이나 이름뿐인 금본위제가 아니라, 실질적인 금본위제이다. 알 만한 사람들은 이제 모두 아는 사실이지만, 이는 무역의 자동적 운동을 통해서, 즉 사적 개인들과 기업들의 무작위적인 교역을 통해 '대외 경제'의 균형 상태를 꾀하는 것이다. 피상적으로 볼 때는 금본위제를 놓고 벌어지는 싸움이 그저 금융의 기술적 문제를 둘러싼 언쟁으로 보이지만, 실제로는 지역적 경제 계획을 지지하는 쪽과 반대하는 쪽 사이의 전투다. 금본위제를 복구하려는 미국의 계획에 대해 러시아 쪽에서 어느 정도 호의적인 이야기를 하고 있다는 사실에는 섬뜩한 역설이 숨어 있다. 러시아는 사적 교역과 무관하므로 이 문제와는 직접적인 이해관계가 없다. 러시아는 그저 방관자일 뿐으로, 금본위제라는 올가미에 걸린 미국과 영국이 몸부림치며 자아낼 익살극을 보면서 몰래 즐거워할지도 모른다.[45]

따라서 영국은 그것이 어떤 형태이든 금본위제에 대한 정책을 분명히 해야 한다. AMGOT, UNRRA, UFEA[46]나 그 밖의 기구들——거기에서 F와 E는 대외 경제Foreign Economy를 뜻한다——은 주로 미국적인 것들로서, 해방된 국가들에 시장의 방식을 다시 확립하기 위한 기구들이다. 지금처럼 물자가 부족한 상황에서 그런 방법을 사용했다가는 반드시 굶주림과 실업이 나타날 것이라는 사실을 대서양 헌장의 해석자들 가운데 일부는 전혀 깨닫지 못하는 듯하다. 이 나라들에서 활동하는 빈곤 구제 및 경제 복구 기관들이 왕정주의자들이나 교권주의자clericalist[47]들을 편파적으로 싸고돈다는 주장도 사실과 다른 것 같다. 이런 기관들이 한결같이 민중 세력에 반대하여 구 체제ancien régime 편을 드는 것은 반동적인 관점을 갖고 있기 때문이 아니다. 이 기관들은 자유 시장의 관행을 복구하겠다는 단호한 입장을 가지고 있다. 그리고 민중들이 스스로 만든 대의 체제는 그러한 입장에 반드시 반대하게 되어 있다. 현재 세계 정치의 중심에 금본위제를 세계에 안착시키려는 보편주의의 음모가 있다는 사실을 깨닫는다면 평범한 영국인들이 어떤 반응을 보일지 지켜보는 것도 재미있을 것이다.

영국이 기회를 놓쳐버릴지도 모른다는 심각한 위험은 실재한다. 산업의 현황에 대한 파악이 뒤처져 있는 지배 계급은 경제적 고려보다는 자신들의 태생과 교육의 특권을 고려하는 데 더 많이 좌우된다. 대륙에서 러시아와 흥금을 터놓고 협조를 한다는 것은 영업 계획으로서는 크게 수지가 맞는 일이라 할지라도, 러시아의 영향으로 민중 정부의 온상이 되어버린 대륙에서 이번에는 새로운 평등주의 운동을 북돋워줄 자극이 뻗어나올 수도 있다고 보는 것이다. 이제 소비에트 연방은 더 이상 소비에트 국가들을 낳는 어머니로서 공포를 불러일으키지는 않는다. 하지만 소련이 자신을 프랑스 혁명의 진정한 딸이라고 입증할 가능성은 여전히 있다. 지평선

위에 떠 있는 불확실성의 구름은 아직 손쓸 수 없을 만큼 크지는 않다. 하지만 그 구름이 계속 커지면 어떻게 할 것이며, 그러다가 결국 절박한 위기나 거대한 진보의 물결을 타고 새로운 세력이 튀어나와 디즈레일리Benjamin Disraeli가 말한 두 개의 민족[48]을 하나로 융합시켜버리면 어떻게 할 것인가? 이런 식의 결말은, 자신들의 지도력을 미래에 대한 도전에서 찾기보다는 과거의 특권에서 찾으려 하는 자들이 특히 두려워하는 것이다. 이런 자들은 금전적인 손실을 무릅쓰면서라도 사회적 특권을 움켜쥐려 한다. 그들은 지역적 경제 계획의 길로 용감하게 박차고 나아가기는커녕 국민적 이익에 반하여 전 세계적 자본주의를 복구하려 들 수도 있다.

제6장

칼 폴라니 약전

칼 폴라니는 그의 사상이 발전해감에 따라[49] 몇 번에 걸쳐 사유 양식의 단절을 겪었으며 그러한 단절들은 후에 재발견되고 있다. 그러나 자유에 대한 관심, 일반 민중들의 문화에 대한 찬양, 진정한 민주주의가 표출될 유일한 체제로서의 인간적 사회주의를 향한 모색 등은 그가 평생 동안 한결같이 추구한 가치들이다. 이러한 주제들은 그의 유럽에서의 삶과 활동에 뿌리를 두고 있음이 분명하다. 폴라니는 만년에 비록 미완성이지만《복합 사회의 자유*Freedom in a Complex Society*》라는 저서의 개요를 잡았다.[50] 1957년 폴라니는 〈자유와 기술〉이라는 연설에서 우리 사회는 파괴될 수도 있으며, 기술이 우리 사회의 존재 자체를 위태롭게 하고 있으며, 모든 곳에 널려 있는 '획일주의, 순응주의, 평균주의'의 경향이 자유를 근본적으로 위협하고 있다고 걱정했다.

이러한 논지는 진기할 만큼 예언적인 폴라니의 글 〈사상의 위기Nezeteink Valsaga; Crisis in Our Ideologies〉(1909)[51]로 되

돌아오는 것이다. 이 글에서 '사회주의'라는 용어는, 1차 세계대전이 일어나기 전에 점증하는 시장 경제 실패의 징후로 나타났던 '집산주의적 규제'를 일컫는다. 폴라니는 자유주의적 자본주의가 파시즘이라는 형식으로 대체되는 것을 1914년 이전에 미리 예견할 수 있었다고 본다. 결국 국가 사회주의National Socialism, 즉 나치의 출현을 낳은 독점과 집산주의로의 발전 경향은 시장 자본주의의 결함에 애초부터 내재하고 있었다는 것이다. 그는 '자본주의 시대의 다음 기간'에는 명령과 규제에 기반한 자본주의가 나타날 것이라고 예언했다. 그러한 자본주의는 인간 관계를 비인격적인 것으로 만들고 자본을 집적하는 데에는 강력한 힘을 발휘하지만, 개인 생활의 풍부함이나 의식성의 문화는 비인간적 물질주의에 밀려날 것이라는 것이 이 글의 예측이다.

1909년의 논문을 폭넓게 해석한다면, 이는 양차 대전 사이의 유럽 파시즘의 흥망을 설명하는 데 그치지 않고 사실상 현재의 조합주의적 자본주의corporate capitalism의 특징을 설명하는 것으로 이어진다. 현재의 조합적 자본주의는 1909년에 씌어진 대로 '비판 정신'을 '쓸모없고 불필요하며 불쾌한 것으로, 심지어는 비윤리적인 것'으로까지 만들어버리지 않았는가? 폴라니는 자유의 영역은 점점 좁아지고 강제의 영역은 점점 넓어질 것이라고 예언했다. 그리고 지배 계급은 육체 노동자들이 열등하다는 의사(擬似) 종교적 신념으로 무장할 것이며, 사적 착취는 국가 자본주의로 대체될 것이라고 암시했다. 폴라니는 계속 경고한다. 수준 높은 의식을 갖춘 개인을 높이 평가하던 자유주의의 전통은 시대착오적인 것이 될 것이다. 또 노동 계급의 정신적 무기였던 사상은 복지 국가에 봉사하는 경제주의적이고 기술 관료적이며 경영 관리적인 이데올로기로 변질되어 자본가 계급의 병기창의 일부가 되어버릴 것이다. 폴라니의 예언들은 오늘날의 서구 세계를 정확하게 묘사하고 있다. 심지어는 비대해진 국가에 맞서 개인을 보호하자는 미사여구로 포장된 급진적 '신우익'이 다시 일어나는 현상까지도 설명하기에 이른다.

폴라니는 자유주의적 자본주의(그는 후기 저작에서는 시장경제라고 불렀다)가 사회적 존재라는 인간의 본성과 양립할 수 없다고 믿었다. 그는 자본주의 사회를 '비자유'의 형식으로 간주했는데, 그것은 다음과 같은 의미에서다. 즉 자본주의 사회에서 모든 인간 관계는 인격적 개체들 간의 관계로서의 성격이 은폐되고 그저 비인격적이고 '객체화된' 시장 운동에 대한 반응으로 나타나게 되며, 따라서 인간이 다른 인간에 대해 또 자신이 살아갈 자연적 터전에 대해 가져야 할 인격적 주체로서의 책임이라는 요소는 전혀 없다는 것이다. 발달된 기술 문명에서 사회적 상호 의존이 이렇게 비인격적 성격을 띠고 있음으로 인하여 사람들 마음속에 공포를 자아내게 되고 이것이 국가 권력의 심리학적 기반이 되며 궁극적으로는 파시즘이 뿌리내릴 토양이 된다. 중앙 집중화된 '통제' 경제도 폴라니에게는 받아들일 만한 것이 아니었다. 이유는 그것이 비효율적이기 때문이 아니라 그런 경제는 개인에게 선택의 기회를 제공하지 않으며 따라서 자유 그리고 인간이 동료 인간에 져야 할 책임을 모두 부인한다는 것 때문이었다.

폴라니의 일생은, 세 번의 이주로 구분되는 다섯 기간으로 나뉜다. 인격 형성기라고 할 수 있는 헝가리에서의 어린 시절은 아버지가 세상을 떠난 1905년에 끝난다. 그 다음 기간에는, 헝가리에서의 학생 운동, 《자유 사상가*Szabadgondolat*》의 편집장, 1차 세계대전 때 오스트리아-헝가리 제국의 군인으로 갈리시아[52]에서 복무했던 일, 그리고 오스카르 야시Oskar Jaszi의 급진공민당Radical Citizen's Party 총비서로서 잠시 정치 활동에 참여한 일 등이 포함된다. 공산주의 정부가 《자유 사상가》를 폐간시킨 1919년 그는 빈으로 이주한다. 여기서 그는 1920년의 극우 테러 때문에 탈출한 헝가리 이민자들과 합류한다. 그중에는 일로나 두친스카Ilona Ducynska라는 처녀가 있었는데 폴라니는 1923년에 그녀와 결혼한다.

빈에서 폴라니는 사회주의 연구라는 맥락하에 사회학과 경제학을 진지하게 연구하기 시작한다. 그리고 국제 문제 전문가로서 《오스트리아 경제*österreichische Volkswirt*》[53]의 선임 편집자가 되었다. 1933년 폴라니는 오스트리아를 떠나 '자유로운 땅' 영국으로 건너간다. 영국에서 그는 성인 교육 교

사라는 진정한 천직을 찾아냈고, 기독교 좌익 그룹의 작은 모임에 공동 설립자로 참여하기도 했다. 여기서 폴라니는 영국의 사회사와 경제사 연구에 몰두했고, 그 결실로 《거대한 변형》이 나오게 되었는데, 이 책은 이미 빈 시절부터 구상하고 있었던 것이다. 사회주의적 경향이 강했던 빈의 노동 계급의 높은 문화적 수준에 익숙하던 폴라니가 자본주의로 인해 영국 노동 계급에게 나타난 비인간화를 보고 얼마나 큰 충격을 받았는지를 생각한다면 《거대한 변형》의 격앙된 어조를 이해할 수 있을 것이다. 폴라니는 1940년에 버몬트의 베닝턴 대학 교수로 임명되었고, 여기서 3년 동안 조용한 생활을 보내면서 《거대한 변형》을 썼다. 그 뒤 영국으로 돌아와 노동자교육연합Worker's Educational Association 일을 다시 맡았다. 이 시기에 폴라니와 일로나는 카롤리 일가와 만났고, 헝가리 해방을 준비하는 헝가리 연합Hungarian Association의 활동에 참여했다. 1947년에 컬럼비아 대학 교환교수로 임명되면서 세 번째 이주를 하게 된다. 폴라니는 결국 캐나다의 온타리오에 있는 피커링에 정착하게 되는데, 그의 아내가 미국에 입국할 수 있도록 미국 기관을 설득할 수 없었기 때문이다.[54]

폴라니는 1886년 빈에서 미할리 폴라세크Mihaly Pollacek와 체칠레 볼Cecile Wohl의 셋째로 태어났다. 그의 부모는 당시 성장하고 있던 도시 부르주아에 속했고, 헝가리의 유대인들을 민족적으로 동화시키려는 운동에 참여하고 있었다.[55] 미할리 폴라세크는 헝가리의 '향신gentry'들이나 향신화되어버린 부다페스트의 부유한 유대인 부르주아들을 모두 혐오하고 경멸했으며, 어느 쪽과도 사회적 접촉을 하지 않았다. 그는 유대교도로 남아 있었고 폴라세크라는 이름을 바꾸지 않았다. 하지만 아이들의 이름은 폴라니로 바꾸었고 신교(칼뱅파)로 개종하게 했다.

1905년 1월 미할리 폴라세크가 세상을 떠나자 가족은 뿔뿔이 흩어졌다. 재산은 이미 5년 전에 바닥나버렸고 칼과 형인 아돌프 그리고 그의 누이는 개인 교사 자리를 얻어 가계를 도와야 했다. 칼은 고등학생이던 열여섯에 사회주의 학생 조직에 참여한다. 이 조직은 1902년에 그의 형인 아돌프와 사촌인 오돈 포르Odon Por가 만든 것이었다. 나중에 그의 누이인 소피와 결혼한 에곤 세치Egon Szecsi도 창립 멤버였다. 이 조직은 사회민주당의 후원을 받았으므로 폴라니는 이때 마르크스주의와 사회민주당과 인연을 맺게 된 셈이다. 그러나 이 조직은 뿌리내리지 못한 채 몇 년 후에 없어진다. 폴라니는 마르크스주의나 사회민주당의 정치에 환멸을 느끼고 1907년 조직을 탈퇴한다. 폴라니는 로마법의 권위자였던 부다페스트 대학의 지울라 피클러Gyula Pikler 교수의 제자였는데, 그 교수는 진보적인 견해를 가지고 있었기에 그를 몰아내려는 공작이 있었다. 폴라니의 회상에 따르면, 반동적인 학생 무리가 피클러 교수를 공격했으나 성공적으로 물리쳤다고 한다. 피클러 사건에서 승리한 뒤 진보적인 학생들은 1908년 '갈릴레이 서클'을 결성했다. 폴라니는 피클러 교수의 제안으로 이 모임의 첫 의장이 된다.

갈릴레이 서클 결성은, 대학의 후진성과 도처에 만연한 교권주의, 부패, 기회주의, 특권과 관료제 등의 시궁창에 도전하는 움직임의 효시가 되었다. 당시 지성계의 흐름에 발맞춰, 이 운동은 아베나리우스Avenarius와 마흐Ernst Mach 등의 실증과학과 허버트 스펜서Herbert Spencer에 대한 지대한 관심을 포용하기 위해 애썼다.

폴라니는 진보적 사회 개혁을 이루려면 영적인 각성과 이론적인 틀이 모두 필요하다고 보았다. 비인격적인 메커니즘이 사회 변혁을 낳아주기를 기다릴 수는 없는 일이었다. 마르크스주의의 결정론 반대 그리고 갈릴레이 서클과 사회주의자들 간의 간격은 이것으로 설명된다.[56] 당시 폴라니의 사회철학은 이상주의와 인민주의의 성격을 띠고 있었다고 표현하는 것이 가장 정확할 것이다. 그는 에르빈 사보Ervin Szabo, 콜G. D. H. Cole, 오언의 저작에 크게 감탄했다. 1927년에 쓴 글에서 폴라니는 헝가리의 민주주의는 농민들의 후진성을 피해가려 해서는 안 된다고 주장했다.[57] '직업 혁명가들'로는 사회주의를 달성할 수 없다는 것이 그의 견해였으니, 그들은 인간 사회란 전적으로 생산 체제에 불과하며 인간의 역사는 경제적 요인에 의해 자동적으로 결정되는 것이라는 미리 정해진 이상을 두고 거기에서 만들어낸 메시지를 전파하여 사회주의를 이루려 했던 것이다.

1912년, 폴라니는 변호사 자격을 얻어 숙부의 변호사 사무실에서 잠시 일했다. 그는 그곳에서의 생활을 잠시도 견뎌낼 수 없었다. 정말로 도움을 받아야 할 고객들은 돈을 낼 수가 없었고, 돈이 있는 자들은 변호해줄 만한 자들이 못 되었다. 가족의 생계를 도와야 한다는 부담에 시달린 나머지 그는 결국 건강을 해치고 말았다. 1915년 현역 군인으로 징발되면서 이러한 부담에서 겨우 해방될 수 있었다. 그는 1917년 몸져 누울 때까지 3년 동안 기병 장교로 근무했다.

1919년 빈에 도착한 폴라니는 그곳에서 큰 수술을 받았다. 그리고 빈 교외에 있는 샤르젠베르거의 하숙집에서 미래의 아내 일로나를 만난다. 이 하숙집은 몇 명의 다른 헝가리 망명자들도 보호하고 있었다. 당시 폴라니는 뒤에 〈대괴수Behemoth〉라 불리는 200여 쪽의 미출간 수고를 썼는데, 여기서 그는 인간이 겪는 고통의 근원을 찾기 위해 혼신의 힘을 기울인다. 그는 결정론에 바탕을 둔 사회학 이론과 경제학 이론을 강하게 거부하며, 미래를 과학적으로 예측할 수 있다는 신념의 '치명적 오류'를 경고하고 인간 발전에 대한 과학적 법칙 따위는 존재하지 않는다고 주장한다. 사회 안에서 경제가 차지하는 위치를 다룬 그의 후기 저작 어디에도 '발전'이나 '저 발전'과 같은 개념에 대한 언급은 찾아볼 수 없다.

빈에서 폴라니의 연구는 마르크스의 《자본론》을 다시 읽고 오스트리아 경제학자들——멩거Carl Menger, 비저Wieser, 뵘 바베르크Eugen von Böhm-Bawerk, 슘페터Joseph Schumpeter——의 저작 그리고 윅스테드Wickstead, 클라크J. B. Clark 같은 다른 한계학파의 저작을 읽는 것으로 시작되었다. 1922년 그는 당시 빈 대학의 경제학 교수였던 루드비히 폰 미제스Ludwig von Mises에게 도전하여 사회주의 경제의 실현 가능성을 놓고 논쟁을 벌였다. 미제스는 "자유 시장이 없으면 가격 형성도 불가능하며, 가격 형성이 없으면 경제 활동이 불가능하다"고 주장했던 것이다. 폴라니의 논문은 1922년 독일의 영향력 있는 잡지에 실렸고, 미제스, 바일Weil, 마르샤크Marshack, 또 폴라니 자신의 글이 연달아 실렸다.[58]

1924년에서 1938년까지 폴라니는 국제 문제 전문가로서 《오스트리아 경제》의 편집위원으로 일했다. 선임 편집자인 구스타프 슈토플러Gustav Stopler가 독일로 떠난 뒤 폴라니는 공동 편집자로 임명되었다. 그는 이 잡지의 편집위원회에서 가장 공공연한 좌익이었다. 하지만 오스트리아 파시즘의 발흥으로 비공식적인 자체 검열이 강제되면서 그의 처지는 점점 어려워졌다. 1933년 동료들의 충고로 영국으로 이주했고 거기에서 그는 1938년 나치의 점령으로 잡지가 폐간될 때까지 계속 글을 보냈다.

폴라니는 자신이 너무 다양한 분야에 관심을 기울였기 때문에 빈 시절이 소모적이었다고 느꼈다. 하지만 빈 시절에서의 유럽 현대사의 전개 과정에 대한 세밀한 관찰과 경제학·사회학·문학·미학에 걸친 광범위한 연구, 빈 노동 계급의 문화적 교양에 대한 끝없는 경탄, 바로 이러한 것들이 거름이 되어 이후 미국과 영국에서 출간된 후기 저작에서 결실을 맺는 것이다.

친구들의 도움으로 폴라니는 1933년 영국에 안주할 수 있었다. 런던에서 그는 왕립국제문제연구소, 노동자교육연합, 그리고 기독학생운동 안에 만든 좌익 그룹들의 숱한 회의에 글을 쓰고 강연을 했다. 노동자교육노동 조합위원회The Worker's Education Trade Union Council는 그의 글《오늘의 유럽 *Europe Today*》을 콜의 서문과 함께 출간했다. 영국의 친구들은 그가 미국에서 강연 여행을 하도록 도와주었다. 그는 미국에서 뉴딜 정책, 특히 테네시 계획에 깊은 인상을 받았다. 기독교 좌익에 대해 보자면, 폴라니를 포함한 많은 좌파 그룹은 기독교 신앙을 가지고 있었으나 어떤 교파와도 특별한 관계를 맺지 않았다. 그들이 공유한 것은 사회주의에 대한 신뢰였다. 폴라니는 연구 집단을 조직하고 교육 자료를 준비했으며 또 기독교 좌파 운동의 정책적 입장을 마련하는 데 기여했다.

1933년 마르크스의 초기 저작들이 출간되자 기독교 좌파 성원들에게 지대한 관심을 불러일으켰으니, 그들은 그 초기 저작들을 기독교의 형제애에 바탕을 둔 사회의 이론적 기초를 마련해주는 것으로 보았던 것이다. 폴라니는 《기독교와 경제 생활*Christianity and Economic Life*》에서 이렇게 말한다. "마르크스에 따르면, 인간 사회의 역사는 인간의 진정한 본성의 자기 실현 과정이다. 현재 우리 사회에서는 직접적이고 인격적인, 즉 인간적인 관계를 지향하는 우리 본성의 강력한 요구가 좌절당하고 있다." 그 결과 사회가 자신의 본질을 따르고 있지 않다는 것이다. 인류의 생존은 그러한 인간적 관계에 의존하고 있다. 그런데 인간적 본성은 다시 자연에 의존하고 있다. 여기에 사회를 물질적으로 조직하는 것이 갖는 중요성이 있다. 인간 본성이 스스로와 맺는 상호 작용이야말로 기독교 공동체의 기초가 되는데, 이는 사회와 같은 말이 아니다.[59] 기독교에서는 사회를 여러 제도들이 기능적으로 묶여 있는 것이라고 본다. 마르크스의 초기 저작들에서 소외 즉 기독교적 공동체의 상실은, 사회가 경제적인 것으로 조직되어버리고 사적 소유가 발전하는 것과 동전의 양면을 이루고 있다고 폴라니는 말한다.

이때 폴라니는 마르크스와 세 번째로 만난다. 청년 시절에 그는 유물론적 역사관이 결정론에 바탕을 두고 있으며 인간이 자신의 행동에 대해 가져야 할 궁극적인 책임의 원칙과 모순된다고 거부했다. 그리고 1920년대에는 인간성과 자연이 직접적이고 인격적이며 투명한 관계를 맺는 사회주의 경제 모델을 모색하는 과정에서 마르크스 연구로 돌아간 바 있다. 그 열쇠는《자본론》1장이었다. 하지만 마르크스가 생산과정 속에서 착취를 입증하려고 애쓴 반면, 폴라니는 마르크스의 자본주의 비판 즉 자기 소외와 사회 혼란의 원천으로서의 시장 메커니즘에 초점을 맞추었다. 그러므로 그는 마르크스의 초기 저작을 열광적으로 환영했다. 그는 초기 마르크스와 후기 마르크스가 대립적이라고 보는 의견에 찬성하지 않았다. 오직 하나의 마르크스가 있을 뿐이라고 그는 완고하게 주장했다. 그런데 바로 그 마르크스가《1844년 경제학-철학 수고*The Economic and Philosophical Manuscript of 1844*》에서 폴라니가 그전부터 오랫동안 중심적인 것이라고 여겼으며 또 나중에《거대한 변형》에서 파고들게 될 상품 물신성, 대상화objectification, 소외의 여러 문제들을 상세히 다루고 있는 것이다.

자본주의에서는 경제가 사회에서 '튀어나오'는 바람에 '삶의 환경을 보호할 것이냐 경제를 개발할 것이냐'라는 갈등이 생겨난다는 폴라니의 주장은 자본주의 특유의 보편화된 시장의 성격에서 나오는 것인데, 이는 자본주의가 갖는 착취적 성격과는 별개의 문제다. 그가 자본주의를 혐오한 것은 노동자들이 착취당하기 때문이라기보다 비인간화되고, 저열한 존재가 되며, 문화도 없는 존재가 되고, 블레이크의 시구에 나오는 '음침한 사탄의 맷돌들dark satanic mills'의 노역꾼으로 전락해버리기 때문이었다. 노동 계급과 다른 모든 부문의 대중들이 저열화되는 정점이라 할 파시즘은 사회주의와 기독교 모두의 적이었다. 한편 파시즘의 이데올로기는 민주주의, 사회주의, 개인주의를 똑같은 것으로 보아 거부해버린다.

폴라니는 〈파시즘의 본질The Essence of Fascism〉(1935)이라는 논문에서, 민주주의와 자본주의의 양립 불가능성을 해결하는 데는 두 가지 방식이 있다고 말한다. 사회주의의 해결책은 민주주의의 원칙을 경제에까지 확장시키는 것이다. 이는 재산과 생산 수단의 사적 소유를 진보적으로 철폐하는 것을 의미한다. 이렇게 되면 민주적인 정치 영역이 사회 전체를 뒤덮게 된다. 반면 파시즘의 해결책은 민주적 정치 영역을 철폐해버리고 사회에는 경제 생활만을 남겨놓는 것이다. 이때 인간은 그저 경제적 생산자라는 성격만을 부여받게 되며, 파시즘은 경제적 자유주의에 대한 마지막 안전판이 된다.

〈파시즘과 마르크스주의의 용어Fascism and Marxian Terminology〉에서 폴라니는, 민주주의를 자본주의와 짝을 이루는 정치적 상부 구조라고 보는 '사이비 마르크스주의'를 공격한다. 파괴적인 시장 세력으로부터의 보호를 요구하는 데 노동 계급이 자신의 정치적 권력을 사용할 수가 있기 때문에 발달한 자본주의 사회에서는 정치와 경제 사이에 갈등이 생겨난다고 그는 말한다. 파시즘이라는 반동은 이러한 갈등에 대한 급진적이고 사실상 혁명적인 해결책으로서 자본주의를 안전하게 보호하는 것이다. 파시즘 아래서는 민주주의는 사라지고 자본주의가 남는다. 이는 인류 전체에게 도덕적, 물질적 퇴락을 초래하는 것이다. 파시즘의 창궐은 노동 계급이 분파적 이익들을 복속시키고 더욱 폭넓은 대중의 이익을 사회주의적 대안의 틀로써 표출해낼 잠재력을 갖고 있는가에 대한 시금석이 된다.[60]

토니R. H. Tawney나 콜 같은 사회주의자 학자들의 도움으로 폴라니는 런던과 옥스포드 대학의 공개 강좌Extra-Mural Delegacies의 성인 교육 그리고 노동자교육연합에서 일자리를 얻었다. 그는 켄트와 서섹스에 있는 작은 도시에서도 야학 강의를 맡았다. 국제 문제 외에 영국의 사회경제사도 맡았는데 그 주제에 대해 아는 것이 거의 없었다. 그래도 그는 이미 영국에 오기 오래전인 헝가리의 갈릴레이 서클과 빈의 노동자대학에서부터 노동자 교육 운동에 참여해왔던 사람이었다.[61]

1935년 뉴욕의 국제문제연구소Institute of International Affairs의 초대로 미국에서 연장 순회 강연을 마친 뒤 폴라니는 교육과 계급의 문제를 다룬 일련의 논문들을 발표했다. 이 논문들에서 폴라니는 영국과 미국의 교육 체제를 유럽 대륙의 교육 체제와 비교한다. 〈유럽의 갈등하는 철학들Conflicting Philosophies in Europe〉에서 폴라니는 대륙 국가들과의 차이점을 부각시키면서 영국의 계급 사회와 그것을 유지하는 데 교육체제가 맡는 결정적인 역할을 강조한다. "영국의 사회 집단은 교육에 의해 나누어지는 반면, 대륙 국가에서는 교육이 사회 집단들을 하나로 모아내는 경향이 있다." 영국에서는 "일반 민중 가운데 교육의 혜택을 받은 아이만이 자신의 계급을 떠나 다른 사회 계층으로 진입한다." 다른 이들은 신분제caste의 경직성에서 생겨나는, "사회 계급들을 가르는 문화적 격차"라는 장벽에 부딪히게 된다.

영국에서 폴라니는 진정한 노동 계급 교육이라는 필요에 당면하게 된 것이다. 대륙에서는 오래전부터 평등하게 교육받을 권리가 기본권으로 보장되어 있었다. 대륙의 노동 계급은 결코 빈민으로의 퇴락에 지배당한 적이 없었고, 배타적이고 '사적인' 사립기숙학교public schooling[62]가 상류 계급에게만 열려 있는, 즉 신분제에 바탕을 둔 교육 체제에 굴복한 적도 없었다. 그러므로 대륙에서 건너온 폴라니는 1930년대 영국 계급 사회의 현실이 얼마나 인간을 황폐화시키는지를 절감하게 된 것이다. 하지만 참된 노동 계급 교육은 평등하게 교육받을 권리 이상의 것을 함축하고 있었다. 노동 계급 교육이란 다음과 같은 것들을 의미한다. "기본적인 경험들에서 출발하여 기본적인 목적들……즉 사회적인 목적들을 지향하도록 인격적 개성을 계발할 것……자본주의 사회를 떠받치고 있는……임금 체제의 불가피성, 경제 활동이 공적인 생활과 사회 윤리의 궤도와 따로 노는 공동체의 용인, 급진적인 변화는 가능하지 않거나 비윤리적이라는 그릇된 관점 등과 같은 전제들로부터 자유로워지는 것……전인적 교양의 도야Bildung를 지향하는 대륙의 경향은 자기 발전과 교육이야말로 노동 계급이 스스로의 사회적 이익을 제출하고 정치적 교육을 통해 노동 계급 시민들을 '사회주의적 인간형'으로 변형시켜내는 데 가장 적절한 방법으로서 중요함을 강조한다."[63] 1860년부터 전인적 교양 도야 단체Bildungsvereine, 즉 문화 모임들은 바로 그런 것을 목표로 삼았으며 오스트리아의 사회주의 운동은 이 모임들에서 생겨난 것이다.

폴라니가 관여했던 기독교 좌파 기관지인《러시아와 위기 *Russia and the Crisis*》는 스탈린이 세계 혁명과 성공적으로 단절하고 5개년 계획의 업적을 이룬 데 주목했다. 폴라니는 러시아의 사회주의 건설을 크게 선전했다. "10년 전만 해도 산업국으로서는 비중이 없었던 러시아가 이제는 첫째 위치에 올라섰다." 모스크바 재판에 관하여, 그는 옛 볼셰비키들이 좌파와 우파 모두 스탈린에 대항하는 음모를 저질렀고 이로 인해 러시아가 적들의 손으로 넘어갈 수도 있었으므로 그들은 유죄라고 보았다. 그는 영국 노동 계급이 사회주의의 이름으로 러시아를 지지할 것을 촉구했다. 2차 세계대전이 일어나기 전까지 그리고 전쟁 기간에 폴라니는 한결같이 확고하게 소련을 높이 평가했다.[64]

〈어째서 러시아를 자극하는가Why Make Russia Run Amok〉에서 폴라니는 영미 세계와 러시아인들이 평화롭게 공존하는 전후 질서를 주장했다. 그는 전쟁 전 영국 정부의 정책에서 뚜렷하게 나타났었던 반(反)러시아적 조류에 미국이 저항해야 한다고 호소했다. 체임벌린A. N. Chamberlain의 4대 강국 조약Four Power Pact[65]은 기념비적일 정도의 대 실책이 되고 말았다. 소련은 근대 산업 국가 건설의 방향으로 힘과 노력을 전환한 1929년에 세계 혁명을 이미 포기했다고 폴라니는 주장했다. 전쟁 전 영국의 대소련 외교 정책은 엘리트들이 프랑스 혁명의 교훈에 조금도 감염되지 않도록 훈련시키는 영국 학교의 맹목적인 계급적 편견 말고는 설명할 길이 없다고 그는 주장한다. 하지만 미국도 전후 질서를 계획할 때 소련의 국익을 고려할 준비가 되어 있지 않음에 폴라니는 주목한다. 그는 유럽 정치 연구자로서 전후의 혼란과 참사를 막기 위해서는 핀란드, 발트 제국들, 동유럽 제국들에 대한 계획이 소련의 이익에 반드시 포함되어야만 한다고 주장했다.

이러한 주장은 〈전 세계적 자본주의인가 지역적 계획경제인가Universal Capitalism or Regional Planning〉(1945)에서 좀더 진전되었다. 여기서 폴라니는 국제 체제 재조직의 윤곽을 제시했는데, 거기에서는 소련이 더 이상 세계 혁명의 중심지가 아니라 지역 차원의 사회주의적 권력이며, 주위에 우호적인 이웃을 가질 절박한 필요가 있다는 사실이 인지되고 있다.

전 세계적인 자유주의적 자본주의는 붕괴되었다. 비록 미국은 여전히 그 가치를 신봉하고 있지만. 그리고 미국은 스스로의 이익을 위해 전 지구를 재정복할 능력이 충분히 있다. 영국은 영연방 각국과 특별한 관계를 유지하는 독립적인 지역적 권력이 되든가 아니면 미국의 장기적 구상에 종속적 파트너로 들어가든가 양자택일을 해야 한다. 폴라니의 선택은 여러 면에서 케인스J. M. Keynes의 제안과 비슷하다. 하지만 케인스의 제안은 브레튼 우즈Bretton Woods 협상 과정에서 미국인들이 받아들일 수 없는 것으로 판명되어버렸다.

전후 질서에 대해 폴라니가 호소한 바에 따르면, 미국은 세계의 유일무이한 경제적, 군사적 초강대국으로서, 소련의 국가 안보 이익을 존중하고 전 지구적 자본주의 시장 체제가 다시 일어나는 것을 막아야 한다는 것이다. 하지만 여기서 그는 "미국인들은 어디서든 민주주의와 자본주의를 동일한 것으로 놓는다"는 스스로의 관찰이 얼마나 냉혹한 진리인지를 과소평가한 셈이다. 자유, 평등, 박애라는 민주주의의 이념은 오로지 민족적 혹은 지역적 공동체 내에서만 둥지를 틀 수 있는 것이다. 반면 자본주의는 팽창적이며 전 지구적인 것이다.

독일과 일본이 패전하기 오래전부터 냉전은 분명히 준비되고 있었다. 냉전은 폴라니의 인생에 직접적인 영향을 주었다. 그가 1947년 컬럼비아 대학에서 교직 생활을 시작하려 했을 때 미국의 정부 기관은 아내 일로나가 그와 함께 뉴욕에 오는 것을 허락하지 않았다. 당시 영국에서는 일자리를 얻을 전망이 없었고, 그렇다고 헝가리로 되돌아가기도 어려웠다. 결국 폴라니는 1950년 캐나다에 집을 마련했다. 그리고 1957년 일흔하나가 되어 퇴임할 때까지 토론토와 뉴욕을 오갈 수밖에 없었다.

1947년 컬럼비아 대학의 객원교수로서 처음으로 전임 자리를 얻은 폴라니는 1953년까지 일반 경제사를 강의했다. 이 기간 동안 그는 컬럼비아 대학 사회과학연구위원회Council for Research in Social Sciences의 도움을 받아 여러 경제 제도의 기원을 연구했다. 포드 재단에서 연구비를 얻어 퇴임한 뒤에도 연구를 계속할 수 있었다. 잘 알려진 대로, 1958년까지 폴라니는 아렌스버그Conrad Arensberg, 피어슨Harry Pearson과 함께 경제 성장의 제도적 측면들에 대한 학제적 연구 계획을 지휘했다. 같은 주제를 다루는 세미나도 1955년까지 컬럼비아 대학에서 열렸다. 이 계획은 《초기 제국의 교역과 시장*Trade and Market in Early Empires*》이라는 결실을 선보였다.

1957년 출간된 이 책, 특히 폴라니의 논문 〈제도화된 과정으로서의 경제The Economy as Instituted Process〉는 당시 경제 인류학을 주도하던 정통 학설에 도전하는 것이었다. 당시의 주류적 정통은 이른바 전통 경제, 달리 말해 비시장 경제를 연구하면서 신고전파 경제 이론의 전제들을 마구 적용하고 있었다. 그러한 전통적 사회의 제도적 틀이 시장 사회와 다름에도 불구하고, 당시 경제 인류학의 주류적 정통의 견해는, 비시장 사회는 전(前)산업적인 것으로서 단지 산업 발전이 결핍된 단계로 간주되어야 한다는 것이었다. 마르크스주의 인류학은 차야노프Chayanov, 메이야수Melliassoux, 고들리에Godelier 같은 학자들이 원시 사회 연구에 중요한 기여를 했고 비트포겔Wittvogel과 차일드Childe가 태고와 고대 경제 연구에 기여했음에도 불구하고, 위의 전통에 실질적인 위협이 되지 못했다. 게다가 당시 지배적이었던 형식주의 학파formalist school는 마르크스주의 인류학에 거의 관심을 기울이지 않았다. 하지만 폴라니의 기여는 큰 관심을 불러일으켰고 경쟁적인 학파를 태어나게 했다. 폴라니 자신이 이 학파를 이끌었다. 이렇게 하여 시작된 '형식주의-실질주의formalist-substantivist' 논쟁은 잘 알려져 있다.

《초기 제국의 교역과 시장》이 출간되기 전에는, 경제인류학의 조사 영역에서 사회 제도를 배제하는 것이 공리처럼 되어 있었다. 사회 제도는 경제 행태를 결정하는 데 아무런 역할을 하지 않는 것이라 여겼기 때문이다. 형식주의를 옹호하는 지도적 학자의 견해에 따르면, 경제학자는 오로지 '사회 행동의 단일한 측면만을' 조사하기 때문에 문화적 제도들에 관련된 정보는 '비경제학적이고 민족지(民族誌)적이며 심리학적인 자료들'로 뒤섞인 부담스러운 짐일 따름이다. 그러므로 시장 사회의 특징을 갖지 않는 사회라 하더라도, 마찬가지로 보편적으로 작동하는 시장들의 존재를 가정하는 분석적인 방법으로 조사하는 것이었다. 그러나 폴라니의 저작들과 실질주의 학파는 이러한 형식주의에 도전하여 근본을 뒤흔들어놓은 것이다.

어떤 의미에서 비시장 사회는 폴라니가 《거대한 변형》에서 세운 명제들을 시험해보는 실험실이었다. 폴라니는 "최근 역사학과 인류학 연구에서 두드러진 발견은 인간의 경제가 일반적으로 인간의 사회 관계들 속에 묻어 들어가 있다는embedded 것이다"라고 쓴 바 있다. 그는 '튀어나온 경제dis-embedded economy'는 시장 사회에서만 독특하게 존재하는 것이라고 주장했다. 시장은 "그전에는 한 번도 경제 생활의 부속물accessory 이상의 것이 되어본 적"이 없다는 것이다. 그러나 《초기 제국의 교역과 시장》이 출간되어 미국의 제도주의자들과 인류학자들 사이에 논쟁을 일으킨 뒤에는 일생 동안 시장 사회에 맞춰졌던 그의 초점이 전통 사회의 분석으로 옮아갔다. 이처럼 경제 인류학의 영역을 거치는 우회로를 택함으로써 폴라니는 사회과학에서 길이 남을 위치를 차지하게 된 것이다.

컬럼비아 대학에서 진행한 계획이 끝난 뒤 폴라니는 기술 사회의 자유라는 주제로 되돌아갔다. 1960년 냉전에 첫 번째 균열의 조짐이 보이자 그는 새로운 잡지 《공존Co-

Existence》을 창간하는 데 앞장섰다. 1961년에 고향으로 첫 여행을 다녀왔고 1963년에 다시 부다페스트의 학술원 요청으로 조국에서 강의를 했다. 그리고 다음 해인 1964년 눈을 감았다. 얼마 지나지 않아《공존》의 첫 호가 세상에 나왔다.

해제

칼 폴라니의
시장 자본주의 비판

1886년에 태어나 1964년에 죽은 칼 폴라니는 제국주의, 러시아 혁명, 두 번의 세계대전, 파시즘, 식민지 해방, 냉전 등의 역사적 대사건을 겪으며 19세기의 부르주아 근대에서 20세기의 현대로 넘어서는 숨가쁜 격동기를 살았다. 그 와중에 다섯 나라를 옮겨 다니며 네 번의 망명을 해야 했던 칼 폴라니가 시장 자본주의라는 현대 문명의 역동을 근원적으로 통찰할 수 있었던 것은 필연일지도 모른다. 물론 그러한 통찰력의 바탕에는 초인적인 박학다식이 있었다. 칼 폴라니는 '전공이 무의미한' 19세기적인 일류 유럽 지식인의 한 사람이었다. 모국어인 헝가리어 외에 영어, 프랑스어, 독일어에 능통했고 라틴어와 그리스어 등 고전 언어에도 조예가 깊었다. 젊은 시절에 쓴 미출간 초고를 보면 경제학이나 사회과학은 물론 상대성 이론, 마흐의 자연철학, 예술이론, 셰익스피어 연구에 이르기까지 광범위한 영역에 걸쳐 있는 그의 지적 이력을 알 수 있다. 그의 대표 저서인《거대한 변형》

도 마찬가지다. 이 책을 읽은 사람은 누구나 역사, 경제학, 인류학, 사회학, 사회사상사, 국제정치학 등의 분과 학문이 어떻게 그처럼 유기적으로 연결되어 하나의 풍부한 체계를 이룰 수 있는지, 압도당하게 된다. 하지만 그의 천재성의 가장 중요한 근원은 종교적, 도덕적 영감으로 가득 찬 그의 독특한 인격일 것이다. 그의 아내의 회상에 따르면 폴라니는 평생 동안 인간들이 당하고 있는 고통의 근원이 무엇인가라는 문제를 '살이 마를 정도로' 고통스럽게 고민했다고 한다. 그가 귀 기울이고 기꺼이 나누어 지려 했던 이웃의 고통은 단지 경제적인 궁핍만이 아니었다. 그의 이론적 틀은, 인간의 존엄성이 훼손되는 데서 오는 모든 종류의 절규와 신음을 포괄하는 데 초점을 맞추고 있다. 이는 인간 영혼에 대한 근원적인 통찰 없이는 불가능한 일이었을 것이다. 그런 의미에서 그는 인간의 정신 깊숙이 영적 차원을 짚어내는 예언자에 가까웠다. 하지만 동시에 냉철한 현실주의적, 정신의 소유자였던 그는 인간 고통의 근원을 우리의 정치적 경제적인 제도에서 찾으려고 했던 것이다. 키에르케고르 같은 이를 "철학으로 구도(求道)했던 이"라고 한다면 폴라니는 "사회과학을 무기로 택한 예언자"라고 할 수 있을 것이다.

이 글에서는 폴라니가 평생 동안 시장 자본주의와 맞서 제시했던 명제들을 개괄하고 그의 작업이 현재까지 어떤 영향을 미치고 있는지 살펴보도록 하겠다.

1. 시장이라는 신화

"태초에 개인들이 있었고, 그들의 본성은 자신들의 이기심을 최대한으로 만족시키기 위해 합리적으로 행동하는 경제적 인간, 즉 호모 이코노미쿠스homo economicus라는 것이다. 이러한 개인들은 로빈슨 크루소처럼 고립된 상태에서 경제적 이익을 얻기 위해 노동을 하게 된다. 그러다가 이들은 이기심을 만족시키는 데는 타인과의 교환이 더 합리적이라는 것을 깨닫게 되었다. 이에 교환이 나타나고 그 결과로 노동분업이 나타났다. 그리고 시장이 확장되면서 교환에 필요한 각종 제도, 화폐, 사적 소유, 치안 유지 등이 필요하게 됨으로써 국가를 구성하고 사회를 이루게 되었다. 따라서 탐욕스러운 정치가나 지배자들이 국가 기구를 통해 개입하지 않는다면, 시장은 인간의 본질과 부합하는 가장 자연적이고 효율적인 경제 제도이자 사회 체제이다."[66]

폴라니의 이론적 작업의 첫 번째 목표는 근대인들에게 하나의 종교처럼 굳어져버린 이러한 시장이라는 신화가 역사적으로나 인류학적으로 완전히 그릇된 허구에 바탕을 둔, 그야말로 신화에 불과하다는 것을 밝히고 인간 사회에서 경제가 차지해온 위치와 성격을 재평가하는 것이다.

(1) 인간과 삶의 의미

인생이란 무엇인가? 이 물음은 경제학자의 화두라기에는 조금 엉뚱해 보인다. 폴라니도 이런 문제를 체계적이고 논리적으로 파고들어 자신의 이론 체계에 통합시킨 것은 아니다. 하지만 폴라니가 셰익스피어의《햄릿》의 의미에 대해 쓴 글을 보면 이 물음에 대한 그의 생각을 엿볼 수 있다. 이 글은 시장 신화 비판의 초석이 되는 그의 독특한 인간관을 이해하는 데 큰 도움을 준다.[67]

폴라니는 1차 세계대전 당시의 경험에서 햄릿을 이해하는 열쇠를 찾는다. 오스트리아 기병으로 러시아 전선에 나간 폴라니는 당시 전쟁에 참가했던 많은 유럽 젊은이들과 마찬가지로, 전쟁은 아무 의미도 찾을 수 없는 세계의 부조리 자체라고 느꼈을 것이다. 게다가 그는 폐결핵까지 앓게 되어 정신적, 육체적 힘을 모두 잃는다. "대낮의 밝음은 점점 좁아지는 원반에 갇혀 점점 어두워지고 있는 것처럼 보였다." 타고 있던 말이 쓰러졌는데도 안장에서 빠져나올 생각을 하지 않고 멍하니 있다가 깔려 죽을 뻔한 일도 있다고 한다. 이처럼 한계 상황에 이른 폴라니는 햄릿의 상태를 이해하게 된다. 저 유명한 햄릿의 독백을 보자. "살아 있을 것인가 아니면 죽어 없어질 것인가, 이것이 문제로다. 저 괘씸한 운명이라는 년이 던져대는 돌팔매와 화살에 시달릴 것인가 아니면 저 번뇌의 바다에 맞서 무기를 들어 그 고통을 끝장내버릴 것인가? 죽는다—— 잠든다—— 그리고 아무것도 없다…….” 햄릿은 삼촌을 죽여야 한다는 너무나 분명한, 하지만 감당하기 어려운 당위 앞에서 인생의 비밀을 엿보게 된다. 그 당위를 실행으로 옮기는 선택을 제쳐놓는다면, 삶은 이제 능동적 삶to live이 아니라 아무 의미도 책임도 없는 그저 '살아 있는 것to be'에 지나지 않으며 이는 '시달리는 것'일 뿐이다.[68] 그렇게 살 바에야 차라리 '무기를 들어' 삶을 끝내는 것이 더 능동적이라고 느낄 만큼, 햄릿은 생존과 죽음 사이에 아무런 차이를 느끼지 못하게 된다. 그렇게 죽음과 같은 삶이라는 현실에 직면한 햄릿은 온갖 미친 행동을 일삼으며 당위의 수행을 질질 끌어대지만procrastination, 결국에는 죽음을 각오하고 진정한 삶의 결단을 통해 복수를 끝낸다. 그리고 삶의 완결로서 죽음을 맞는다. "《햄릿》은 인간의 조건에 대한 연극이다. 죽기를 거부하는 한 우리는 모두 살게 된다. 하지만 삶이 우리를 초대하면서 보여주었던 그러한 본질적인 경건함으로 삶에 다가서려 하지 않는다. 우리는 우리 자신을 삶에 완전히 바치지 못하기 때문에, 행복을 미루고 있다… 인생은 인간이 놓치고 있는 기회이다." 단순한 숨쉬기에 지나지 않는 무의미한 생존을 거부하고 의미와 결단의 시간으로 삶을 채워야 한다. 그렇지 않다면 삶은 죽음보다 못한 상태가 된다. 또 그렇게 삶을 의미와 결단으로 채워나가는 인간의 모든 활동이 인간의 인간다운 삶이라는 것이 폴라니의 생각인

듯하다.[69]

(2) 총체적 존재로서의 인간

인간의 삶을 이렇게 바라보면, 호모 이코노미쿠스라는 시장 자유주의의 인간관은 설 자리를 잃는다. 후자의 관점은 인간을 '경제적 이익 추구'라는 단 하나의 성격으로 이해하는데, 이는 '인생의 가장 본질적인 의의는 경제적 이익을 통한 쾌락의 추구에 있다'는 공리주의적 혹은 쾌락주의적 인생관을 암묵적으로 전제하고 있는 셈이다. 하지만 특별한 의미를 찾지 못하는 가운데 물질을 추구하는 삶이란 폴라니의 눈으로 보면 죽음과 다르지 않은 그저 '살아 있는 것'에 불과한 것이 아닌가? 막스 베버Max Weber가 그려내는 초기 프로테스탄트——만약 실제로 존재한다면——처럼 돈벌이 자체에 초월적인 인생의 의의를 부여하는 사람이라면 이야기가 다를 수도 있지만, 이 경우에도 돈벌이에서 의의를 찾는 것은 종교적인 사색을 통해 인생과 세계의 의미를 찾은 뒤에야 가능한 것이다. 폴라니의 눈으로 볼 때 인간은 경제적 이익 추구라는 하나의 본질로 환원될 수 있는 존재가 아니다. 의미와 결단으로 삶다운 삶을 꾸려가는 것이 인간과 인생의 본질이며, 그러한 본질은 노동, 돈벌이, 기도, 예술, 정치, 사랑, 결투, 음주와 가무 등 인간 활동의 모든 영역에서 표출되고 있는 것이다.

그러므로 폴라니는 '총체적 존재로서의 인간'을 강조한 초기 사회주의자 로버트 오언을 매우 높이 평가했다. 오언은 산업혁명이 만들어낸 프롤레타리아 계급의 비참한 생활상에 충격을 받았다. 특히 그는 그들의 경제적 궁핍보다도 인간의 형상을 잃어버렸다고 할 만한 문화적, 도덕적 타락에 더 큰 충격을 받았다. 따라서 오언의 사회주의 실험은 단지 노동 계급의 경제적 궁핍 해소에 머물지 않고 다양한 인간 활동의 기회와 능력을 개발하여 노동자들을 도덕적이고 총체적 자아를 갖춘 인간으로 되살리는 데 중점을 두었다. 따라서 그가 뉴 라나크에 세웠던 실험적인 사회주의 공동체나 그 뒤 영국 노동운동의 중심이 된 오언주의 운동은 다양한 교육 체제를 갖추고 인간 생활에 관련된 모든 활동이 자체적으로 조직되는 총체적인 생활 공동체를 지향했다. 폴라니는 오언이 19세기 사상가 가운데 거의 유일하게 이처럼 총체적인 인간관을 가지고 있었기 때문에 시장 자본주의가 어떻게 인간을 파괴했는지를 누구보다도 깊이 통찰할 수 있었다고 본다.

(3) 노동의 동기

폴라니가 강조하듯이 시장의 신화는 인간 활동, 특히 노동의 궁극적 동기가 경제적인 이익과 물질적 굶주림이라는 믿음에 기초하고 있다. 그렇다면 에덴동산에서 쫓겨났기 때문에 굶주리게 된 아담이 땀을 흘리게 되었다는 성경 이야기 외에 이러한 믿음을 뒷받침할 만한 실질적인 근거가 있는 것일까? 폴라니는 경제인류학과 역사학 연구를 통해 그러한 신화가 허구임을 밝혀냈다. 동서고금의 다양한 사회를 비교하여 살펴보면, 노동의 동기란 사회에 따라 실로 다양하며 경제적 손익이라는 개인적 동기는 사회 전체의 가치와 조직에 따르는 것임이 드러난다. 그리고 개인의 경제적 손익 계산을 인간 활동의 동기로 삼는 것은 근대 시장 자본주의 사회에서 나타난 독특한 현상일 뿐, 거의 모든 사회에서는 오히려 금기로 여기는 경향이 있었음을 폴라니는 보여준다.

인간의 활동이 삶을 충만하게 채우려는 영혼의 욕구에서 비롯하는 것이라면, 사회적 동물인 인간은 사회를 구성하여 자신이 속한 사회의 집단적인 문화와 가치 체계를 통해서 그러한 의의를 찾을 수 있을 것이다. 따라서 신선이나 종교적 신비주의자가 아닌 이상, 개인이 혼자서 노동의 동기를 찾는 것은 불가능하다. 그것은 어디까지나 사회 안에서 부여되는 것이다. 세상에 존재하는 수많은 사람들만큼이나 다양한 종류의 사회가 동서고금에 있어왔고, 각 사회의 문화와 가치 체계가 다른 만큼 사회에 따라 갖가지 노동의 동기가 존재했다. 역설적이게도 고대 사회나 현대의 부족 사회 모두 개인적인 경제적 이익을 위해 행동하는 것을 금지하거나 천시하는 경향을 보이는데, 이는 그러한 행위가 사회의 통합을 위협할 수 있기 때문이다. 폴라니는 인류학적, 역사적 예를 풍부하게 들고 있지만, 그중에서도 그가 인용한 인류학자 마거릿 미드Margaret Mead의 다음과 같은 보고가 이러한 논점을 간명하게 보여줄 수 있을 것이다. "개인들이 노동하는 목표란 문화적으로 결정되는 것이지 문화적으로 규정되지도 않은 외적 상황, 이를테면 단순히 식량이 모자란다든가 하는 상황에 생리적 유기체로 대처하는 그런 것이 아니다. 어떤 미개인 집단을 금광의 광부로 또는 뱃사람으로 바꾸는 과정에서 그 미개인들이 열심히 노동할 동기를 빼앗겼기 때문에 물고기가 우글대는 시냇물 옆에서 그냥 고통 없이 죽어가도록 버려지는 일은 이상해 보일지 모르지만"[70] 이런 사례는 너무나 흔하게 발견된다고 미드는 말하고 있다.

(4) 사회에 '묻어 들어가 있는' 경제

여기서 시장 자본주의 외의 사회에서 경제는 사회에 '묻어 들어가 있다'고 하는 폴라니의 유명한 테제가 나온다. 시장 신화에서 가장 일차적이고 주요한 개인들의 상호 작용은 경제적 이익을 위한 시장에서의 교환이며, 노동 분업과 국가, 사회 제도 등은 그 결과로서 혹은 그것을 보조하는 장치로서 파생되어 나오는 것처럼 그려진다. 그러나 역사적, 인류학적 연구를 통해 실제 모습을 보면 오히려 사회적 관계와 과정이 선행한다. 경제적 과정은 따로 독립하여 존재하는 것이 아니라 앞선 사회적 관계와 과정의 한 측면으로서 통합되어 있다. 이를 폴라니는 '묻어 들어가 있다'고 표현하는 것이다.

아주 쉬운 예로 전통적인 중화 문명권에서 행해지던 조공(朝貢) 행위를 생각해볼 수 있다. 이는 변방에 있는 국가들이 중원의 천자에게 예를 표하기 위해 사신과 물건을 파견하고, 중앙의 천자는 답례로 일정한 품목을 하사하는 것을 말한다. 즉, 조공은 지배 계급 간의 국제 교역의 성격을 띠고 있었다. 그래서 중국 재정이 어려워 답례로 줄 만한 물품이 없을 때에는 조공을 만류하는 일도 있었다고 한다. 국제 무역이라는 경제적 과정이 제국적인 중앙 권력과 변방의 지방 권력 간의 외교적 행위라는 정치적, 사회적 과정에 그야말로 '묻어 들어가 있는' 셈이다.

폴라니는 경제인류학에 기초한 말리노프스키와 투른발트의 연구에 크게 의존하여, 경제적 과정이 사회적 과정에 묻어 들어가 있는 형태를 크게 호혜성reciprocity, 재분배redistribution, 교환exchange 세 가지로 분류하고 있다. 호혜성은 말리노프스키가 연구하여 유명해진 트로브리앙 제도의 쿨라 교역을 예로 들 수 있다. 이것은 이 제도의 각 섬에 있는 개인들 사이에서 붉은 목걸이가 시계 방향으로, 흰 팔찌가 시계 반대 방향으로 순환하는 것을 말한다. 목걸이와 팔찌를 받은 이는 그것을 준 상대자에게 일정한 품목——이 품목은 엄격하게 정해져 있다——을 선물하여 답례한다. 그 결과 이 교역에 참여하는 이들은 정치적, 사회적으로 결속을 강화하게 된다. 이 교역은 '수백 킬로미터, 수십 년'에 걸쳐 있는 정교하고 복잡한 것인데, 이 교역에 참여하는 이들은 사회적, 정치적 지위가 올라간다고 한다. 재분배의 고전적인 예는 북아메리카 콰키우틀족의 포틀래치potlatch 풍습이다. 이 부족의 부유한 추장은 1년에 한 번씩 자기 물건을 마구 부수기도 하고 다른 사람들에게 나누어준다. 베블런Thorstein Veblen이 말하는 것처럼 추장은 이러한 과시적 소비를 통해 자신의 정치적 위상을 높이지만, 그 과정에 경제적인 재분배의 과정도 '묻어 들어가' 있다. 공물의 형태로 다양한 산물을 거두어들인 후 하사의 형태로 재분배하던 메소포타미아 지역의 고대 제국에서도, 또 대기업이나 부유층에게 세금을 거두어들여 사회 보장 제도의 형태로 하층 계급에 재분배하는 현대 복지국가에서도 이러한 재분배의 예를 찾을 수 있으며, 경제적 과정은 항상 그 정치적 과정에 '묻어 들어가' 있었던 것이다.

여기서 폴라니는 두 가지 사실을 지적한다. 하나는, 이러한 형태들이 시장 신화에서처럼 개인들이 경제적 교환을 하다가 생겨난 것이 아니라 경제적인 거래에 앞선 사회적 관계, 즉 지지 구조supportive structure에서 나온다는 것이다. 호혜성의 경우에는 선물을 주고받는 이들이 자신이 속한 집단에서 차지하는 위치의 대칭성이 바로 사회적 지지 구조다. 그리고 재분배의 지지 구조는, 물자가 집중되는 중앙이 지방에 대해서 정치적으로나 사회적으로 중심에 있다는 것이다. 둘째는, 이런 형태로 경제적 과정이 이루어질 때 그 과정의 경제적 성격이 표출되지 않도록 주의를 기울였다는 점이다. 예를 들어, 쿨라 교역에서는 팔찌를 받는 때와 답례를 하는 시기 사이에 정교한 시간 간격을 둠으로써 이 행위가 똑같은 대가를 노리는 교환 행위가 아니라 그야말로 선물의 답례가 되도록 유의한다.

(5) 시장의 역사적 위치

시장 신화는, 호모 이코노미쿠스라는 초역사적인 인간관에 따라 인간의 역사에는 항상 독자적인 경제 영역이 존재했고 그것은 시장 법칙의 지배를 받아왔음을 함축하고 있다. 반면 폴라니는 역사적으로 경제는 대부분 앞에서 살펴본 호혜성이나 재분배와 같이 '사회적 과정'에 묻어 들어가 있었고 시장에서의 교환은 오히려 예외적이거나 부수적인 제도에 지나지 않았다고 주장한다.

19세기 말 카를 뷔허Karl Buecher와 에두아르트 마이어Eduard Meyer의 논쟁 이후 고대 경제의 성격에 대해서는 많은 논란이 있어왔다. 마이어를 비롯한 사학자들은 고대 경제의 근본적 성격이 현대의 시장 경제와 본질적인 차이가 없으므로 시장 경제를 이해하는 여러 개념적 도구들을 마찬가지로 적용할 수 있다고 본다. 반면 뷔허 편에 선 사학자들은 고대 경제는 현대 시장 경제와 질적으로 다르므로 그럴 수 없다고 주장한다. 폴라니는 아마도 후자 진영에 속한 가장 강력한 선수라 할 것이다. 그는 함무라비 법전과 관련 문헌을 꼼꼼히 연구한 끝에 옛 바빌로니아 제국의 수도 바빌론에는 시장이 전혀 존재하지 않았다고 주장한다. 또 고대 그리스 경제에서도 시장은 예외적이거나 나중에야 발명된 제도였다고 말한다.

시장에서의 교환은, 호혜성이나 재분배와는 달리 어떤 인격적, 사회적 관계도 개입되지 않은 순수한 물적 관계이다. 따라서 시장이 주요한 경제 제도가 될 때 기존의 사회적 관계는 심한 타격을 입게 된다. 기본적으로 시장은 사회적 관계와 모순적 관계에 있다. 주요한 경제적 통합 형태는 앞에서 보았듯이 사회적 과정에 묻어 들어가 있으므로, 시장이라는 제도는 오로지 사회와 사회 사이, 즉 대외 교역이라는 장에서만 작용할 수 있다.[71] 그리고 시장 제도가 기존 사회의 질서를 어지럽히거나 파괴하는 것을 막기 위해 여러 가지 법적 사회적 금기가 마련되어 있었다. 또 원거리 대외 무역이라는 초기 시장 교역이 평화적인 성격을 지닌 것만은 아니었다. 그 기원을 볼 때 사실 원거리 교역은 약탈이나 도둑질 같은 행위와 쉽게 구별되지 않았다는 것이다.

(6) 시장의 진화와 국가의 역할

시장 신화는 일종의 진보사관에 바탕을 두고 있다. 시장과 경제 영역은 처음부터 인간 사회에 있어왔지만, 풍부한 합리성과 효율성으로 인류에게 최고의 혜택을 주기까지는 탐욕스러운 국가나 무지몽매한 종교와 관습 등 수많은 사회적 장애물들과 몇천 년 동안 투쟁을 벌여야 했다. 근대 서양의 합리적 이성의 진보에 힘입어 시장은 19세기에 들어서 승리를 거두기 시작했다. 그 뒤 국가와 기타 사회 제도는 합리성의 원칙에 따라 재정비되었는데, 특히 이상적인 국가 형태는 시장 질서의 확립에 필요한 것 외에는 자유 방임을 원칙으로 하는 최소 정부가 되었다는 것이 그러한 신화의 내용이다.

그러나 폴라니는 역사적으로 항상 억제되거나 부속품에 머물렀던 시장이 근대 유럽에서 주된 경제 제도가 된 것은 거의 전적으로 국가의 개입 때문이었다고 주장한다. 이미 살펴보았듯이 역사적으로 시장이 자연적이기는커녕 곳곳에서 억제되는 부수적인 경제 제도였다면, 시장 제도로 경제 전체를 조직하는 현대의 시장 자본주의가 출현하기 위해서는 엄청난 규모의 국가 개입과 폭력이 필요했다고 보는 것이다.

중세까지도 유럽에서의 시장 교환은 폴라니가 설명한 경제와 시장 제도의 일반적 유형과 크게 다르지 않았다. 도시 간의 대외 교역은 각 도시 주변의 국지 시장과 효과적으로 분리되어 있었고 시장 제도가 장원 같은 봉건적 경제 체제와 뒤섞이는 일은 드물었다. 그런데 16세기 들어 강력한 주권 국가를 건설하려 했던 절대주의 군주들은 군사력을 동원하기 위해서는 재원을 확보해야 했고, 또 독립적인 지역 권력으로 할거하는 도시나 특권체들을 깨뜨려 통일 국가를 건설하려 했다. 이에 그들은 각종 특권을 누리던 도시의 성벽을 무너뜨리고 통일적인 전국적 시장을 건설하게 되었다. 역설적이게도, 국가와 사회 제도의 질곡으로 시장의 발전이 제약당하기는커녕, 강력한 주권을 얻기 위해 권력을 추구하던 근대 국가가 출현하는 과정의 부산물로써 역사적으로 매우 특이한 전국 규모의 시장이 나타났다.

하지만 중상주의 국가는 시장 발전을 촉진하는 면이 있는 한편, 시장이 전면적으로 발전하는 것을 막기도 했다. 19세기에 들어서면 영국을 비롯한 나라에서 시장이 전면적으로 발전하면서 현대의 시장 자본주의 사회가 출현한다. 폴라니는 이 과정에서도 자본주의 국가의 능동적 활동이 시장 발전에 결정적인 역할을 했음을 보여준다. 19세기 중반에 자유무역, 금본위제, 구빈법 철폐 등의 조치를 감행했던 영국은 사회 전체가 시장 자본주의의 작동에 순응할 수 있도록 법적으로 엄청난 규제를 했다는 것이다. 이른바 자유 방임 국가의 고전적 모델로 알려져 있는 당시의 영국이 자유 방임을 실현하기 위해 사회 전반에 그렇게 많은 규제를 가했다는 것은 기묘한 역설이다. 여기서 폴라니의 유명한 역설이 나온다. "자유 방임은 국가 계획에 의한 것이었다."

2. 시장 자본주의의 정치경제학 — 이중적 운동

이처럼 폴라니는, 시장 경제야말로 인간의 본질에 가장 적합한 자연적인 제도라는 시장 신화가 역사적으로나 인류학적으로나 근거가 없는 허구에 지나지 않는다고 주장했다. 그런데 이것이 하나의 허구나 가설에서 멈추지 않고 인간 사회를 근본적이고 전반적으로 바꾸어야 한다는 '유토피아' 이데올로기로 변할 때, 또 그러한 '유토피아'가 현실의 권력을 장악하여 사회 전반에 강요될 때 재난이 시작된다. 그러한 '유토피아'는 처음부터 실현될 수 없는 그야말로 유토피아일 뿐이므로 그것을 사회 전반에 강요한다면 의도했던 것과는 전혀 다른 결과를 낳을 것이다. 그럼에도 불구하고 계속 시장이라는 유토피아를 강요할 경우 사회 전체는 엄청난 모순과 격동에 휘말리게 된다. 둘째, '유토피아'라는 허구가 마치 과학적인 법칙인 것처럼 통용되면 실제로 일어나고 있는 현실의 역동성을 과학적으로 인식하는 사람들의 이성적 능력이 마비되므로 통제할 수 없을 정도로 사태가 악화된다. 따라서 폴라니는 시장 신화라는 허구 대신 실제 시장 자본주의 사회의 역동을 설명할 현실적인 정치경제학을 확립하려 한다. 이

것이 그의 두 번째 작업의 방향이며, 그 결실로 나타난 것이 그의 대표 저서인《거대한 변형》이다.

(1) 대체적 정치경제학의 필요성

특히 폴라니가 안타까워한 것은 유토피아라는 허구가 과학적인 법칙처럼 통용되는 현실이었다. 19세기, 아니 1920년대까지도 유럽 지식인들은 대부분 시장이라는 '유토피아'를 과학적인 진리라 믿고 있었고, 또 자신들이 만들어낸 시장 자본주의 체제가 그 법칙에 따라 작동하는 줄 알고 있었다. 세계적 규모의 금본위제와 자유 무역을 보장하기만 하면 '보이지 않는 손'이 모든 나라의 경제가 저절로 균형과 번영을 이루도록 만들어준다고 믿고 있었다. 그리고 정치는 경제와는 완전히 분리된 사안으로, 이성적 판단을 내릴 수 있는 모든 개인이 선거권을 가지고 선출한 대표들이 법을 만들어 그 법에 따라 통치하는, 즉 대의제와 입헌주의라는 절차적 합리성만 확보되면 정당성을 얻고 정치도 안정될 것이라고 생각했다. 또 강대국의 발호를 견제하기 위해 이합집산을 거듭하다 보면 일종의 균형 상태인 세력 균형이라는 장치를 통해 국제 평화가 달성된다고 믿었다.

그러나 19세기 말~20세기 초의 현실은 전혀 다른 방향으로 움직이고 있었다. 1873년에 시작된 세계 공황을 거치면서 각국의 보호 무역주의가 본격화되었고 적자국과 흑자국이 뚜렷이 구별되었다. 이른바 세계 시장의 자동 조정이란 이름뿐이었다. 영국의 단기 자본 수출을 통해 세계 각국의 수지 불균형이 처리되고 있는 실정이었다. 한편 국내 정치를 보면 좌파의 노동 운동과 사회주의 운동, 또 우파의 군국주의가 입헌주의니 대의제니 하는 제도를 밀치고 현실을 좌지우지하고 있었다. 이러한 갈등은 결국 식민지를 둘러싼 열강의 각축으로 이어졌다. 근본적으로 세력 균형이란, 균형 상태라는 것이 본래 그렇듯이 현상 유지를 전제로 했을 때에나 작동할 수 있는 것이다. 이렇게 모든 강대국들이 식민지를 찾아 미친 듯이 팽창하려는 상황에서는 무너지게 되어 있다. 이렇게 하여 결국 1차 세계대전이 터지게 된다.

하지만 이러한 현실과의 괴리에도 불구하고 시장 신화와 자유주의적 세계관은 여전히 유럽인들의 의식을 확고하게 지배하고 있었다. 1차 세계대전이 끝나고 세계 질서를 다시 세우는 과정에서 유럽인들은 19세기로 복귀하는 것 외에는 어떤 대안도 생각할 수 없었다. 이미 그러한 세계상과 너무나 동떨어져 있는 현실을 파악할 능력이 마비되었던 것이다. 그리하여 정치적으로는 윌슨 대통령 주도 아래 베르사유 체제——어떤 면에서는 더욱 '급진적/근본적radical'인 자유주의적 세계관으로의 복귀한 것이다——를 구축하게 되었고, 경제적으로는 전후 복구가 시급한 각국 경제에 극약에 가까운 처방인 금본위제——그것도 평가절하 없는——로 복귀하는 어처구니없는 계획이 나온 것이다.[72] 이러한 유토피아적인 시도가 재난을 가져올 것이라고 예견한 이는 폴라니만이 아니었다. 카Edward H. Carr도 전후 체제를 하나의 유토피아적인 시도로 진단하고, 그러한 미몽을 가져오는 데 기여한 자유주의적 이상주의를 거세게 공격했다.[73] 케인스도 베르사유 회담에 파견되었던 1919년부터 유럽인들의 유토피아적 사고에 절망하고 있었다. 1925년 영국이 금본위제로 복귀하자 그는 유럽인들의 의식을 사로잡고 있는 자유 방임 시장이라는 괴물과 금본위제라는 '미개 사회의 유물'이 그러한 유토피아적 사고의 바탕이라고 지적했다.[74]

폴라니는 이처럼 잘못된 현실 인식이 낳은 비극의 하나가 파시즘이라고 본다. 그러므로 유토피아에 지나지 않는 시장적 자유주의의 신화에서 벗어나는 것만으로는 충분하지 않다. 그것을 넘어서서 현실을 정확히 이해할 수 있는 정치경제학이 필요하다.

(2) 자기 조정 시장과 허구적 상품

이 개념은 이 책의 2장에서 다룬《거대한 변형》의 제6장에 자세히 나와 있으므로 여기서 반복하여 설명하지는 않겠다. 어떤 이들이 오해하는 것과는 달리, 폴라니는 인류 역사에서 자유롭게 가격이 결정되는 시장이 항상 존재해왔다는 점을 알고 있었다. 다만 그러한 시장이 전체 경제 조직에 부수적인 것으로 머물도록 사회가 항상 억제해왔기 때문에 가격 결정 기능에 한계가 있었음을 지적한 것이다. 반면 산업혁명 후에는 산업의 모든 투입물과 산출물들의 가격을 자유롭게 탄력적으로 결정할 필요가 생기게 되었는데, 그러기 위해서는 모든 개별 시장이 모든 사회적 제약 조건에서 풀려나와 자신들끼리의 일관된 시장 체계를 만들어야 했다. 이것이 자기 조정 시장의 개념이다. 이 개념의 핵심은, 인간, 토지, 화폐가 상품으로 매매되는 노동 시장, 토지 시장, 화폐 시장 등의 요소 시장이 존재하는가에 있다. 모든 산업 체계에서 가장 근본적인 기초가 되는 이 세 가지 요소의 가격이 완전히 시장의 수요 공급에 맡겨지지 않는다면 전체 시장 체계의 자기 조정 기능이 이루어질 수 없기 때문이다. 19세기 초에 벌어진 미증유의 상황에서 폴라니는 완전히 자유로운 이 세 가지 요소 시장이 성립했다고 주장한다.[75]

그런데 인간, 토지, 화폐는 신이 창조했거나 인간의 사랑으로 태어나거나 신용과 채무 관계에 의해 생산되는 것이다. 결코 판매하기 위해서 더 많이 혹은 덜 생산되는 상품이 아니다. 하지만 위와 같은 자기 조정 시장에 꼭 필요한 요소 시장을 확립하려면 이 세 가지 존재도 다른 상품과 똑같은 상품이라는 일종의 허구를 세울 필요가 있었다. 그래서 시장 자본주의 사회에서 이 세 가지 물건은 허구적 상품으로 여겨지게 된다는 것이다.

(3) 사회의 존재론적 안정성과 자기 보호 운동

폴라니가 한 번도 사용하지 않은 말이지만, 내가 보기에 그의 정치경제학에서 사회의 자기 보호 운동이 일어나게 되는 필연성을 이해하는 데 핵심이 되는 개념은 '사회의 존재론적 안정성'이다. 사회를 하나의 구조물에 비유한다면, 인간과 자연은 그 구조물의 실체인 벽돌과 철근이다. 그리고 사회 체제나 제도란 벽돌과 철근이 서로 결합하는 방식에 해당하는 것이라 하겠다. 여기서 그 결합 방식, 즉 체제나 제도의 우월성을 논할 수 있는 규범이 되는 것은 무엇일까? 인간과 자연이라는 실체가 자유와 안정성이라는 두 가지 목표를 충족시키는 데 그 결합 방식이 얼마나 기여하는가가 될 것이다. 사실 인간이 사회를 구성하는 근본적인 동기란 동료 인간과 사회를 구성함으로써 자연과 교호하는 방식에서의 시공간적 안정성을 얻는 것이리라. 그런데 사회의 제도가 그 존재론적 안정성을 파괴한다면 어떻게 될까?

시장의 자기 조정 과정이 인간과 자연에 가져온 결과가 바로 이 존재론적 불안정성이다. 폴라니는 이 점에 주목한다. 여기서 인간, 자연, 생산 조직 세 가지를 다 논할 수 없으니 인간의 경우만 생각해보자. 흔히 이야기하는 '노동 시장의 탄력성'이라는 말은 경제 상황에 따라 해고와 고용을 원활하게 할 수 있어야 한다는 뜻이다. 노동자 편에서 보면, 이는 시장의 자기 조정을 위해 자신의 존재론적인 안정성을 희생해야 한다는 뜻이다.

많은 경제학자들은 노동 시장의 인간을 기본적으로 동질적인 일손, 즉 공급으로 생각하여, 수요와의 균형 그리고 가장 효율적인 임금을 위해 이리저리 움직이는 부평초로 생각하는 경향이 있다. 고용 정보만 확실하게 주어지면 오늘 해고당한 구미 공장의 텔레비전 조립공이 내일 여의도 빌딩의 수위가 되고, 내일 또 해고당하면 모레는 가락동 수산시장의 짐꾼이 된다는 식이다. 실제로 이런 일이 가능하다고 하자. 그런데 하루하루 어떻게 될지 모르는 이러한 삶을 존엄과 행복한 안정된 삶이라고 할 수 있을까? 그 경제학자들이라면 이런 삶을 만족스러워할까? 대학의 인원 감축 방침으로 해고당한 경제학 교수들은 저 위대한 시장의 자기 조정과 노동 시장의 탄력성을 위해 내일은 아파트 수위로, 모레는 증권회사로 기꺼이 달릴 수 있을까? 혹시 머리띠 동여매고 "고용 안정 보장하라"고 외치지는 않을까. IMF 이후 대량 해고가 줄을 이을 때 어떤 경제학자들은, 이렇게 대량 해고를 해야 시장의 자기 조정 기능을 통해 경제가 빨리 회복이 되고 다시 일자리가 생긴다고 계몽의 목소리를 높였다. 설령 그대로 된다고 해도 그렇게 되려면 얼마나 걸리는가? 1년 혹은 2년? 경기 순환의 장기 추세 그래프에서 1, 2년은 대단한 시간이 아닐 수도 있다. 하지만 개인의 인생에서 그 시간은 중대한 의미를 지닐 수 있다. 그 사이에 이혼을 당할 수도 있고 남편에게 영원히 경제적으로 종속될 수도 있다. 또 노숙자가 되어 건강을 크게 해칠 수도 있다. 여기서 시장 자본주의나 경제학자들이 비인간적이라고 고발하려는 것이 아니다. 자기 조정 시장의 작동이 요구하는 '탄력성'이라는 것이 인간과 자연에게는 매우 고통스러운 '존재론적 불안정성'을 안겨준다는 점을 말하고 싶은 것이다.

그래서 인간과 자연, 그리고 기업들마저 시장의 자기 조정에서 파생되는 존재론적 불안정성에서 자신을 지키기 위해 안간힘을 쓴다. 노동 조합, 곡물에 대한 보호 관세, 사회 입법과 사회 보장 제도, 중앙 은행과 탄력적 금융제도, 국가가 부담하는 의료 및 교육제도 실시 등 시장의 횡포에 맞서 스스로를 보호할 사회적 장치들을 만들어나가는 것이다. 폴라니가 지적하듯이, 이른바 자유 방임 체제라는 것이 국가가 강제한 것인 반면 이러한 보호 운동은 자생적으로, 그야말로 자유 방임에 의해 나타났다. 이는 시장 운동의 소용돌이에 인간, 자연, 생산 조직이라는 벽돌, 철근, 목재가 휘말려들어 사회라는 구조물 전체가 무너지는 것을 막고자 하는 보호 운동이라고 할 수 있다. 그래서 폴라니는 이를 '사회의 자기 보호'라고 부른다.[76]

(4) 이중적 운동

폴라니의 정치경제학의 핵심 주장은 이상의 두 가지 모순되는 운동 경향, 즉 이중적 운동이 시장 자본주의의 기본적인 역동성이라는 것이다. 이 이중적 운동에 시장의 '유토피아'적인 성격 그리고 그 유토피아를 강요함으로써 나타나는 예기치 않은 현실적 결과라는 폴라니의 관점이 집약되어 나타난다. 사회의 한 부분에서는 국가 기구를 통해 사회 전체를 시장의 자기 조정에 순응시킴으로써 시장을 중심으로 재구성되는 순수한 '시장적 사회'를 세우기 위해 안간힘을 쓴다. 그런 운동은 사회 조직의 뼈대인 인간과 자연의 존재론적 안정성을 파괴하기 때문에, 다른 한편에서는——마찬가지로 국가 기구의 힘을 빌려——시장 경제에 개입하고, 시장으로부터 사회 조직을 지키려고 애쓰게 된다. 이 두 운동은 서로 모순된다. 시장으로의 운동이 확장될수록 인간, 자연, 생산 조직의 고통은 심해진다. 그리고 사회의 자기 보호가 강화될수록 요소 시장이 경직되고 시장의 자기 조정은 더 이상 작동할 수 없게 된다. 그러나 한편 이 두 대립물은 통일되어 있기도 하다. 사회의 생산 과정이 시장이라는 방식으로 조직되어 있기 때문에 시장 경제가 제대로 작동해야만 모든 계급이 살아갈 수 있게 된다. 또 한편으로는 사회의 자기 보호를 통해 사회의 기본 조직이 유지될 때에만 비로소 시장 경제도 작동할 수 있다.

결국 시장 자본주의는 자신의 터전인 사회 기본 조직의 파괴라는 모순을 그 안에 품고 있으므로 결코 실현될 수 없는 유토피아일 뿐이다. 이 사실을 이해하지 못한 채 시장만을 강요하면 이렇게 모순되고 아슬아슬한 이중적 운동이 나타날 수밖에 없다. 폴라니는 19세기 이후의 사회사 전체를 이 이중적 운동이라는 개념으로 설명할 수 있다고 본다.

(5) 세계 체제의 긴장

이 이중적 운동은 분명 모순된 것이며, 그 모순의 긴장은 결국 세계 체제의 붕괴를 낳는다. 폴라니는 국내 정치·경제, 국제 정치·경제라는 틀로 보았을 때 19세기의 세계가 입헌주의, 시장 경제, 세력 균형, 금본위제라는 제도적 틀로 구성되어 있었다고 본다. 그런데 이미 20세기 초의 국가를 보면, 위에서 본 사회의 자기 보호로 인해 중앙 은행을 통한 탄력적 통화 공급 그리고 어느 정도의 재정 확장을 통한 사회 정책을 펼 수밖에 없음을 알 수 있다. 정치와 경제의 분리를 내세웠던 입헌주의 원칙은 상당히 약화되어 있었다. 국내 경제의 불황으로 실업이 발생하면 국가는 재정 정책이나 금융 정책을 시행하려는 유혹을 느끼게 되었는데, 이렇게 되면 금본위제 아래 고정되어 있는 외환의 가치를 떨어뜨릴 위험이 있었다. 결국 이중적 운동의 모순이 가장 첨예하게 느껴지는 곳이 시장 확장의 도구이자 경제 개입의 도구이기도 했던 국가 기구였던 셈이다. 그러한 모순을 해결하기 위해서는 대외무역 경쟁에서 성공을 거두어 국내의 시장 경제도 활성화시키고 사회의 자기 보호에 필요한 재원도 확보해야 했다. 내부의 모순을 외부로 표출하는 수밖에 없었던 것이다. 그 과정에서 전 세계가 민족 국가 단위로 강력하게 결집하게 된다. 폴라니는 19세기 말의 민족 국가는 느슨했던 전 시대의 민족 국가와는 비교할 수 없을 정도로 단단하게 뭉친 하나의 '갑각류'로 변해버렸다고 말한다.[77]

그 결과 세계의 정치 경제는 경쟁적인 무역 전쟁, 식민지 확장, 제국주의로 나타나게 되었다. 앞서도 말했듯이, 이러한 변화가 세력 균형 체제를 무너뜨려 1차 세계대전으로 이어진다. 또 다른 차원에서의 국제 체제인 금본위제는 1930년대 들어서 붕괴되는데, 이는 1차 세계대전을 거치면서 각 나라의 계급 판도에 나타난 결정적인 변화에 기인하는 것이었다. 전쟁에 동원된 노동 계급, 농민, 여성 등 서민들의 정치 진출이 크게 늘어나서, 정치와 경제의 분리에 입각한 19세기의 보수적 부르주아 국가가 대중 민주주의 국가로 변하고 있었던 것이다. 하지만 금본위제로 복귀하는 것은 시장 경제와 사회 전반에 활발하게 개입해야 했던 대중 민주주의 국가에게 19세기 국가에나 걸맞은 균형 재정과 보수적 통화 정책을 강요하는 '족쇄'[78]가 되었다. 미국의 자본 수출로 그 틈을 메웠던 1920년대에는 모순이 두드러지지 않았으나, 1929년 주식시장이 대거 폭락함으로써 유럽의 미국 자본이 본국으로 철수하자마자 금본위제는 바로 위기를 맞는다. 그리고 1931년 당시 금환본위제의 기축 통화국이던 영국이 금본위제를 탈퇴하고 공황과 금융 위기에 편승한 히틀러가 권력을 장악하면서 금본위제는 결국 종말을 맞게 된다.

요컨대, 이 이중적 운동의 모순은 민족 국가라든가 제국주의, 중상주의 등의 방법으로 그 폭발이 지연되고 또 전가되기도 하는 가운데, 궁극적으로는 세계 체제 차원의 위기로 모습을 나타내는 셈이다.

(6) 파시즘의 출현

폴라니는 이중적 운동의 모순이 낳은 파국이 파시즘이 승리하게 된 직접적인 원인이라고 분석하고 있다. 이중적 운동의 논리적 구조에 내재한 또 하나의 아이러니는, 자기 조정 시장을 창출하기 위해 사회 전체를 시장에 순응시키려는 운동과, 그 반대로 자기 조정 시장의 영역 밖으로 사회를 끄집어내려는 자기 보호 운동이 같은 사회 안에서 일어난다는 점이다. 어떻게 하나의 사회가 그처럼 모순된 두 가지 경향을 동시에 나타낼 수 있는가? 자기 조정 시장을 추구하는 부르주아 계급은 경제 영역에서 주도권을 쥐게 마련이다. 특히 1차 세계대전이 끝나고 선거권이 확대된 뒤 사회의 자기 보호 운동을 선도하는 노동자나 토지 세력은 의회와 국가 기구의 정치 영역을 장악했다. 하나의 사회를 자기 방향으로 끌고 가려는 두 운동의 모순은 결국 정치 영역과 경제 영역이

갈라져 서로 싸우는 사태를 낳았다. 즉, 자본가 계급이 장악한 산업과 경제가 인민 세력을 장악한 국가 기구에 정면으로 맞서는 일이 벌어진 것이다. 이러한 사회적 파국 상태에서, 대중 민주주의를 무너뜨리고 정치 영역을 산업과 경제 영역의 요구에 종속시키는 수단으로서 파시즘이 힘을 얻게 되었다는 것이다.

3. 민주적 사회주의를 향하여

그렇다면 어떠한 사회 경제적 질서가 좀더 많은 자유와 인간적 존엄, 그리고 안정을 보장하는 대안적 체제가 될 수 있을까? 이것이 폴라니의 세 번째 화두다. 폴라니는 1910년대부터 이미 사회주의자가 되었으며, 죽을 때까지 사회주의자로서의 신념은 모든 학문적, 사회적 활동의 이념적 기초가 되었다. 하지만 그는 공산주의자는 아니었으며, 그의 아내의 말에 따르면 "사회민주주의자는 더더욱 아니었다." 그렇다면 그가 꿈꾸었던 이상적 사회주의는 어떤 것이었을까? 앞의 두 가지 방향의 작업과 비교해볼 때 이 방향의 폴라니의 연구는 산발적이고 미흡한 단계에 머물러 있다. 하지만 그가 초석으로 삼았던 몇 가지 중요한 개념은 독창성과 적실성이라는 점에서 시사하는 바가 많다.

(1) 청년 마르크스의 영향: 인격적 관계로서의 공동체

폴라니와 마르크스주의의 관계는 양가(兩價)적이다. 폴라니는 마르크스주의의 객관주의적 성격에 대해서는 심하게 반발했지만, 1844년에 씌어져 1932년에 처음으로 출간된 《경제학 철학 초고》에 나타난 젊은 마르크스에 대해서는 어느 누구에게도 보인 적 없는 강렬한 긍정과 열정적 찬사를 보내고 있다. 폴라니는 생산력의 발전을 매개로 역사와 사회 진보의 필연성을 역설하는 제2인터내셔널의 마르크스주의에 대해 "진리는 만유인력의 법칙이 아니라 만유인력에도 불구하고 새가 하늘 높이 솟아오른다는 것"이라고 말한다. 사회주의 건설 과정에서 인간의 자유의지와 도덕적 결단이 지니는 중요성을 옹호한 것이다.[79] 그리고 노동가치설에 입각한 마르크스의 경제학에 대해서도 리카르도의 잔재에서 헤어나오지 못한 기계론적 경제학이라고 비판했다.[80]

하지만《경제학 철학 초고》에 나타난 젊은 마르크스의 주장에서 폴라니는 자신의 사회주의적 이상의 핵심이자 시장 자본주의를 비판하는 근거가 되는 가장 중요한 개념의 영감을 얻는다. 바로 사회가 인격적 존재 사이의 관계로 건설되어야 한다는 것이다.

시장 자본주의에서 사람들이 맺는 모든 사회적 관계는 계약과 상품 거래라는 시장 허구의 틀을 빌려서만 나타난다. 사람과 사람이 개성을 지닌 인격적 존재로서 만나는 것이 아니라 제도의 일부분으로서 비인격화된 모습을 띠고서야 관계를 맺을 수 있는 것이다. 이 비인격화를 없애고 다시 인격적 관계로서의 공동체를 회복하는 것이 폴라니의 사회주의의 핵심이다. 그렇기 때문에 폴라니는 일부 마르크스주의자들이 생각하는 방식, 즉 합리적인 중앙계획 경제 체제와 사회주의 제도를 세우는 것이 사회주의라는 관점에 반대한다. 그것은 사람들이 인격적 존재로서 관계를 맺는 것을 도와주는 수단일 뿐 그 자체가 목적이 될 수는 없는 것이었다.[81]

(2) '길드' 사회주의

그렇다면 이러한 인격적 관계를 제도화할 방법이 필요하게 된다. '길드' 사회주의는 영국의 콜 등이 벌였던 사회주의 운동의 일파를 가리킨다. 이 운동은 폴라니가 생각했던 사회주의의 이상과 닮은 점이 많다. 그리고 폴라니나 콜 모두 이 사실을 알고 있었다고 한다. 폴라니와 관계했던 오스트리아 사회민주당의 오토 바우어 등이 주장한 기능적 사회주의도 비슷한 내용을 담고 있었다. 길드에 속한 생산자들은 전체 공동체의 수요를 예측하여 생산을 주도하고, 작업장에서 단지 보수만을 받는 것이 아니라 포괄적인 공동체라는 조합적 생활을 할 수 있었다. 마찬가지로 현대 사회주의도 생산자들의 자유로운 조합과 소비자들의 자유로운 조합을 만들어 조합들의 직접적인 모임과 토론 속에서 생산의 양, 방법, 분배 등을 결정하자는 것이다. 이러한 폴라니의 사회주의적 이상은 단지 시장 자본주의만을 겨냥하는 것이 아니다. 여기에는 공산주의자들의 사회주의 전략, 즉 국가 기구가 전제 권력을 행사하는 계획적인 통제 경제에 대한 반대까지 함축되어 있다.[82]

(3) 지역주의적인 세계 질서

하지만 19세기처럼, 또 21세기가 지향하고 있는 것과 같은 전 세계적인 시장 자본주의 체제가 세계를 장악하면 다른 종류의 경제 체제는 자신을 지키기가 어렵다. 폴라니는 지역과 문화에 맞는 다양한 성격의 경제 체제가 번성할 수 있는 탄력적인 정치 경제 환경을 선호했다. 그렇기 때문에 폴라니는 2차 세계대전이 끝난 뒤 세계 질서를 다시 전 세계적인 자유주의적 시장 질서로 몰고 가려고 한 미국의 시도에 반대하고 지역주의에 바탕을 둔 다원적인 세계 질서를 강력하게 주장했다. 그가 죽기 전에 냉전과 핵전쟁의 위협에 대항하여 잡지《공존》을 창간하려고 온 힘을 기울였던 것도 이러한 시각에 비롯된 것이다.

폴라니는 시장이나 재분배, 호혜성 가운데 하나를 택해 단일한 형태로 경제 체제를 세우기보다는 경제 관계가 작동하는 사회적 맥락에 따라 이 원리들이 다양하게 적용되면서 서로 공존하며 연결되는 복합적인 경제 질서를 선호했던 것으로 보인다. 그가 이러한 언급을 직접적으로 한 것은 아니지만, 바빌로니아 같은 고대 제국을 설명하는 부분을 보면 이런 느낌을 강하게 받는다. 가령 부존 자원이 고르게 분포되어 있지 않다면 국제 교역이 불가피하다. 이때 이를 매우 불안정하고 열강의 격전장이 되기 쉬운 국제 원자재 시장에 맡기는 대신 자원의 재분배를 전담하는 국제 기구를 창설한다든가, 규모가 비슷한 지방 자치 단체들처럼 같은 규모 안에서 벌어지는 경제 행위에 호혜성의 원리를 적극 이용한다든가 하는 예를 들 수 있다. 자연의 생태계도 다양한 원리가 복잡하게 얽혀 있듯이, 건강한 인간의 경제라는 것도 다양한 원리의 결합으로 이루어져야 탄력성과 내구성을 동시에 갖출 수 있는 것인지도 모른다.

4. 폴라니의 영향

폴라니의 첫 번째 저술이자 대표작인 《거대한 변형》은 1944년 처음 출간되었는데, 당시 큰 반응을 얻었다기보다는 시간이 지나면서 영향력이 점차 증대되었다고 보아야 할 것이다. 여기서는 폴라니 연구의 여러 흐름과 현황을 간단히 살펴본다.

(1) 경제인류학

경제인류학은 폴라니의 영향이 가장 안정적으로 '담겨' 있는 분야일 것이다. 앞에서 보았듯이, 폴라니는 근대의 시장 자본주의 이전의 사회에 대해 시장 자본주의를 분석하는 데 쓰이는 개념틀——최적화, 자본 축적, 화폐, 가격, 수요 등——을 사용하는 것은 부적절하다고 생각했다. 이는 원시 부족들의 경제 생활을 경제인류학적으로 연구할 때에도 여전히 유효한 원칙이라고 폴라니와 그의 제자들은 믿고 있었다. 따라서 시장적 개념들을 그대로 사용하는 기존의 경제인류학 전통과 크게 논쟁을 벌이게 되었다. 시장적 개념들을 사용하는 것이 유효하다고 보는 형식주의 일파와 비(非)시장 자본주의 사회를 연구할 때는 좀더 포괄적이고 보편적인 개념틀을 사용해야 한다고 보는 폴라니 일파의 실체론이 맞선 것이다. 실제로 폴라니도 만년에 스스로 보편적인 경제 연구의 틀과 개념을 짜서 '실체 경제학'이라 할 만한 것을 만들고자 노력했다.[83] 노스웨스턴 대학의 조지 돌턴George Dalton 교수가 오랫동안 실체론 진영을 이끌어온 대표적인 논객이었다. 최근에는 폴라니와 마르크스의 방법론을 결합하여 비교경제 연구의 방법론을 만들려고 노력하는, 신시내티 대학 인류학과의 로다 핼퍼린Rhoda Halperin 교수의 작업 또한 주목할 만하다.

한 가지 아쉬운 점은, 폴라니 일파의 방법이 경제인류학

분야에서 확고한 패러다임으로 자리 잡는 과정에서 폴라니의 영향력이 1970년대 초반까지도 경제인류학의 영역에만 한정되었다는 것이다. 아마 폴라니는 무엇보다도 경제학에 도전하려 했을 텐데, 오늘날 경제학의 주류인 미국 경제학에서 폴라니의 영향력은 아직 보잘것없는 수준이다. 하긴 요즘 미국 경제학에서는 케인스도 경원시되는 상황이니 폴라니는 말할 것도 없을 것이다. 이런 의미에서 경제인류학은 폴라니의 영향을 '담는' 그릇인 동시에 그것이 위험하게 경제학에 영향을 미치는 것을 '억제하는' 그릇이 되어왔는지도 모른다.

(2) 역사·고전 연구

앞서 언급한 고대 경제의 성격 논쟁에서 적어도 서양 고전 경제에 관한 한은 핀리Mose I. Finley 같은 권위 있는 연구자들이 폴라니와 같은 견해를 보이고 있어 한결 우세한 것으로 평가된다. 핀리 역시 폴라니에게서 많은 영향을 받았다고 한다. 동양사의 오펜하임A. L. Oppenheim이나 서양 경제사의 노스Douglas North도 폴라니의 영향을 많이 받은 것으로 알려져 있다. 영국의 사회사가 에릭 홉스봄Eric Hobsbawm은 특히 영국의 구빈법과 관련하여 폴라니의 영향을 인정하고 있으며, 《거대한 변형》을 이 분야의 가장 중요한 연구로 꼽는다. 톰슨E. P. Thompsom의 《영국 노동 계급의 형성*Making of English*

Working Class》에서 폴라니의 영향을 발견하는 사람도 있지만, 폴라니에게 영향을 미친 오언이나 해몬드 부부가 톰슨에게도 영향을 주었으므로 반드시 그런 것은 아니라고 보기도 한다.

폴라니가《초기 제국의 교역과 시장》에 실은 〈아리스토텔레스, 경제를 발견하다*Aristotle Discovers the Economy*〉라는 논문은 그때까지 아리스토텔레스의 경제 사상을 해석하는 주된 흐름과 전혀 반대되는 견해를 제시하여 활발한 논의를 불러일으켰다.

(3) 사회학

겉으로만 보아도 시장 체계의 역동성에 초점을 맞춘다는 점에서 월러스틴Immanuel Wallerstein의 세계체제론은 폴라니의 영향을 많이 받은 것으로 보인다. 오랫동안 월러스틴과 같이 세계체제론을 정초한 테렌스 홉킨스Terrence Hopkins가 1950년대에 폴라니가 컬럼비아 대학에서 조직했던 프로젝트에 참여해 그 성과물로 펴낸《초기 제국의 교역과 시장》에 글을 실었다는 점은 흥미롭다. 경제 사회학에서 독특한 접근으로 튼튼하게 자리 잡은 프레드 블록Fred Block도 폴라니에게 많은 영향을 받았다.

(4) 정치학 및 국제 정치경제

1970년대 들어 미국 정치학이 정치와 경제 영역의 상호 작용에 관심을 기울이며 이른바 정치경제political economy라는 하위 영역을 낳으면서 정치학자들이 폴라니에 높은 관심을 보이기 시작했다. 이러한 정황은 한때 가장 중요한 정치경제 교과서로 쓰인 린드블럼Charles Lindblom의 《정치와 시장*Politics and Markets*》[84]에서도 읽을 수 있다. 또 국제 정치경제 분야에서는 러기John G. Ruggie가 1982년에 발표한 논문[85]에서 2차 세계대전 뒤의 브레튼 우즈와 가트GATT(General Agreement on Tariffs and Trade, 관세 및 무역에 관한 일반협정)의 제도적 성격을 설명하면서 폴라니의 논지를 이용하여 '묻어 들어간 자유주의'라고 표현했다. 이는 폴라니가 주목받게 되는 계기를 만들었다. 1990년대 들어와 국가와 시장의 관계라는 말이 가장 중요한 화두가 되면서 폴라니는 정치경제 분야에서는 고전적인 이론가의 자리에 오른 것 같다. 그러나 여기서 심각한 문제는, '국가와 시장의 관계 설정'이라는 틀에 폴라니를 끼워 맞추다 보니 단순히 그를 '자유 방임 시장의 효율상의 한계'를 경고한 케인스주의자나 그 밖의 국가 개입론자 가운데 하나로 오해하게 된다는 것이다. 따라서 그의 근본적인 사회 사상이나 사회주의 사상은 주목을 받지 못하는 듯하다. 러기가 쓴 '묻어 들어간 자유주의'라는 일종의 형용모순──러기는 전후의 시장 자본주의가 단지 국가 개입의 여지를 남겨두었다는 이유에서 이렇게 부르고 있다——도 폴라니가 정치학 분야에서 얼마나 편의적으로 단순하게 이해되고 있는지를 보여주는 예라 할 것이다.

1980년대 후반 이후 로버트 콕스Robert Cox나 스티븐 길Stephen Gill 등을 비롯하여 마르크스주의의 시각에서 국제 정치경제를 분석하는 이른바 신그람시 학파neo-Gramscian의 사람들은 이와는 다른 방향에서 폴라니를 매우 중요한 영감의 원천으로 평가한다. 이들은 폴라니의 '이중적 운동'의 개념을, 현재의 시장적 지구화가 불러올 전 지구적인 역사적 블록의 재편 과정을 분석하고 진보적인 변혁을 계획하는 데 주요한 개념으로 활용하려 한다.

마지막으로, 이 책의 서두에서 폴라니가 시장과 벌인 투쟁을 풍차에 뛰어드는 돈키호테에 견주었던 비유를 거두어들이겠다. 대신《열자(列子)》에 나오는 우공이산(愚公移山)의 일화를 상기하고자 한다.

옛날 북산에 아흔 살쯤 된 우공(愚公)이 살고 있었다. 집 앞에 큰 산이 두 개나 있어 항상 돌아가야 했으므로, 어느 날 가족회의를 소집하여 이렇게 제안했다. "우리 모두 힘을 합쳐 저 산을 깎아버리는 것이 어떻겠느냐." 그러자 아내가 반대했다. "산을 깎아낸 흙을 다 어디다 버리려고 그러시유?" 우공은 말했다. "발해의 끝, 은토의 북녘에 버리면 되지." 그래서 온 가족이 달려들어 산을 깎아내기 시작했는데, 깎아낸 흙을 발해 끝에 한 번 버리고 오는 데에만 반년이 걸렸다. 이를 본 하곡의 지수(智搜)가 혀를 끌끌 찼다. "자네 이제 얼마나 살겠다고 이 짓인가? 죽기 전에 저 산의 한 귀퉁이라도 깎아낼 수 있을 것 같은가?" 우공이 말했다. "이런 꽉 막힌 친구를 보겠나. 아이들만큼도 머리가 안 돌아가는가. 내가 죽어도 내 자식들이 있지 않은가. 그 애들이 죽어도 그 자식들이 또 있지 않은가. 자손들은 끝이 없을 것이고 저 산의 크기는 끝이 있으니 어찌 못 없애겠는가."

이 말을 엿들은 그 산의 산신령은 이거 야단났다 싶어 하느님에게 하소연했다. 그래서 하느님은 과아씨의 두 아들을 시켜 두 산 가운데 하나는 삭동으로 옮겼고 다른 하나는 옹남으로 옮겼다. 그리하여 기주 남쪽 한수 이북에는 조그만 언덕조차 없게 되었다.

주

1 (옮긴이주) 읍구란 영국 역사에서 교구parish의 하부 단위이다.

2 (옮긴이주) 윌리엄 블레이크William Blake는 《밀턴Milton》의 2장에서 산업혁명으로 생겨나 자연과 인간을 파괴하며 엄청난 물질적 부를 낳는 공장을 악마의 맷돌에 비유했다. 폴라니는 《거대한 변형》에서 이 표현을 빌려 쓰기도 했다.

3 (옮긴이주) 인도의 시바 신에게 인신 공양을 할 때 희생자를 치어 죽이는 수레를 말한다. 폴라니는 시장이 청산되는 과정에서 그 시장에 참여한 많은 사람과 기업이 희생당하는 사태를 여기에 비유하고 있다. 자유 방임적인 자기 조정 시장을 저거노트에 비유하는 표현은 케인스의 1925년 논문 "Economic Consequences of Mr. Churchil"의 후반부에도 나온다.

4 (옮긴이주) 아리스토텔레스는 《정치학》에서 'phillia'라는 말로 이것을 표현했다. 널리 알려져 있듯 이 단어는 단지 '선의'라는, 반대급부나 상을 기대하게 만드는 의미뿐 아니라 '형제애'라는 그 자체를 목적으로 하는 의미를 가지고 있음을 주의해야 할 것이다.

5 (옮긴이주) 아프리카의 부족으로, 체격 조건이나 지적 능력이 매우 우수했던 것으로 알려져 있다. 서양 제국주의자들이 들어와 부족을 파괴한 뒤에는 끔찍한 '문화적 진공 상태'에 빠져 퇴락한 인간 집단

으로 변해버렸다고 한다.

6 L. P. Mair, 《20세기의 아프리카의 어떤 민족*An African People in the Twentieth Century*》(1934).

7 E. M. Loeb, 《초기 사회에서의 화폐의 분배와 기능*The Distribution and Function of Money in Early Society*》(1936).

8 M. J. Herskovits, 《원시 민족들의 경제 생활*The Economic Life of Primitive Peoples*》(1940).

9 투른발트, 《초기 공동체의 경제*Economics in Primitive Communities*》(1932).

10 말리노프스키, 《서태평양의 항해자들*Argonauts of the Western Pacific*》(1922).

11 (돌턴의 주) 아프리카에서 작용하는 그런 주변적인 또는 작은 시장들에 대해서는 다음을 보라. Paul Bohannan·George Dalton, "Introduction", to *Markets in Africa*(New York: Natural History Press, 1965).

12 (옮긴이주) 18세기 말 영국에서는 산업혁명의 여파로 '산업 예비군'인 빈민들이 대량으로 창출되었고 1795년 전국적 노동 시장을 창출하기 위해 정주법Act of Settlement을 폐지했다. 이에 토지 세력을 대표하는 치안 판사들 몇몇이 스핀햄랜드 지방에 모여 모든 빈민들에게 부양 가족의 수에 비례하여 구호 수당을 지급하고 그 액수를 물가 변동에 연동한다는, 이른바 '스핀햄랜드법Speenhamland Law'을 통과시킨다. 이 법은 산업혁명으로 인해 사회적인 이동이 일어남으로써 자신들의 권력 기반인 농촌 사회가 무너질 것을 염려한 토지 세력들의 온정주의에 기반한 것으로, 빈민들의 도덕적 문화적 퇴락이라는 끔찍한 결과를 낳았다고 평가된다. 리카르도, 맬서스 등의 자유주의자들은 이 법의 철폐를 강력히 주장했고, 부르주아가 장악한 개혁의회가 1834년 철폐했다.

13 (옮긴이주) 1834년의 신 구빈법은 원외 구제를 모두 청산하고 오로지 구빈소에 들어온 이들만을 구제하기로 했다. 그런데 구빈소에 들어가기 위해서는 생활 능력이 전혀 없다는 사실을 증명해야 했는데, 그 취조 과정은 이루 말할 수 없을 정도로 정밀하게 행해지는 정신적 고문이었다고 한다. 또 수용이 허가되면 가족은 뿔뿔이 흩어져 다른 건물에 들어가는 생이별을 겪어야 했고, 엄격한 통제를 받아 옆의 동료가 죽어도 슬픔을 표현할 수도 없었다고 한다. 디킨스의 소설《올리버 트위스트》는 당시 구빈소의 모습을 잘 보여준다.

14 (옮긴이주) 필 은행 조례Peel's Bank Act를 말한다. 영국은 19세기 초부터 여러 차례 금융 공황과 경기 변동을 겪었다. 리카르도와 소위 통화학파는 그 원인이 통화의 과다 공급에 있다고 보아 정부와 영란 은행Bank of England이 임의로 통화를 발행하는 것을 금지해야 한다고 주장했다. 1844년에 통과된 필 은행 조례는, 영란 은행이 상업적 이유로 은행권을 과다 발행하는 것을 막기 위해 은행권 발행을 전담하는 발권부와 은행업을 담당하는 영업부로 나누었다. 발권부는 은행권을 발행할 때 정부 대상금을 포함한 1,400만 파운드를 제외하고는 전액 금준비를 갖추는 것을 원칙으로 삼았다. 이로써 국내 통화 공급은 은행이나 정부의 재량이 배제된 상태에서 국내의 금 보유의 유출입에 의해 결정되므로, 이른바 가격-정화-유동 메커니즘이 작동하여 통화가 자동적으로 공급될 것이라는 주장이었다.

15 (옮긴이주) 트로브리앙 제도의 호혜성 교역의 한 예이다. 각 섬에 있는 개인들에게 붉은 목걸이가 시계 방향으로, 흰 팔찌가 시계 반대 방향으로 순환한다. 목걸이와 팔찌를 받은 이는 그것을 준 사람에게 답례로 일정한 품목——이 품목은 엄격하게 규정되어 있다——을 선물한다. 단, 답례를 하기 전에 정교한 시간 간격을 두어, 이 행위가 등가를 노리는 교환 행위가 아니라 순수한 답례가 되도록 유

의한다. 그 결과 이 교역은 여기에 참여하는 이들의 정치적, 사회적 결속을 강화하는 포괄적인 기능을 하게 된다. 이 교역의 규모는 '수백 킬로미터, 수십 년'에 걸친 정교하고 복잡한 것이다. 한편, 목걸이와 팔찌를 얻은 이는 그 아름다움을 뽐내며, 교역에 참여하는 이들의 사회적, 정치적 위상이 높아진다고 한다.

16 (옮긴이주) 로버트 오언은, 인류에게 주어진 자유를 확인하기 위해 모든 고통과 괴로움을 제거하려는 노력을 극단까지 추구해나가자고 했다. 그리고 그러한 노력 속에서도 제거되지 않는 고통과 괴로움이 있다면 필수불가결한 것으로 체념하여 받아들이자고 말했다. 불평하지 않고 그것을 받아들이는 것이 성숙한 인간의 자세라는 것이다.

17 (옮긴이주) F. A. von Hayek, *Road to Serfdom* (New York : Free Press, 1944).

18 (옮긴이주) 번햄은 1941년 *The Managerial Revolution : What is Happening in the World?*를 발표하여 사회주의 국가에서나 자본주의 국가에서나 최근 동향은 직접 생산 과정을 지휘하는 경영자들이 종국적으로는 사회 전체를 지배하게 될 것이라고 주장했다. 스위지Paul M. Sweezy는 1953년 *The Present as History*에서 이를 반박하고 자본주의에서의 경영자들의 재량은 일정 한계 내에 불과하고 그것을 넘을 경우 소유자들의 권력이 곧바로 발동되게 마련이라는 점에서 자본주의의 성격은 변하지 않았다고 반박한다.

19 (옮긴이주) 생산 과정에서 착상conception과 수행performance을 나누어 조직 상층은 전자의 임무를 전담하고 대다수의 하부 조직원은 후자를 담당하게 한다는 경영 원칙이다.

20 (저자주) H. D. Henderson, *Supply and Demand*(1922). 시장은 두 가지 방향으로 작동한다. 즉 시장은 요소들을 여러 다른 용도 사이에

배분하며, 요소들의 총공급에 영향을 줄 여러 힘들을 조직한다.

21 (옮긴이주)《거대한 변형》, 제5장을 참조하라.

22 (옮긴이주) 애덤 스미스의《국부론*The Wealth of Nation*》이 1776년에 이미 출간된 사실을 들어 이러한 폴라니의 논지에 의문을 품는 사람도 있을 것이다. 이에 대해서는 폴라니가《거대한 변형》의 제10장에서 상세히 논하고 있는데, 그의 관점에서 볼 때《국부론》은 어디까지나 시민 사회의 구성 요소이자 그 부흥에 핵심적인 관건이 되는 국가 정책의 관점에서 집필된 것이다. 그는 경제를 시장들끼리의 자율적 체계에 맡기자는 생각은 19세기 들어 맬서스나 리카르도 같은 급진적 자유주의자들에게서 처음 나온 것으로 보아야 한다고 말한다.

23 (옮긴이주)《거대한 변형》 제4장을 참조하라.

24 (옮긴이주)《거대한 변형) 제16~18장을 참조하라.

25 (저자주) G. R. Hawtrey, *The Economic Problem*(1925). 호트레이는 이 시장의 기능을 '모든 상품의 상대적 시장 가치가 서로 일관되도록' 만드는 것에서 찾고 있다.

26 (저자주) 상품 가치가 물신적 성격을 갖는다는 마르크스의 주장은 진짜 상품의 교환가치에 관해 말하는 것으로, 이 글에서 말하고 있는 허구적 상품들과는 아무 공통점이 없다.

27 (저자주) W. Cunningham, "Economic Change", *Cambridge Modern History*, Vol. I.

28 (옮긴이주) 중세의 길드가 주도한 생산에는 순수한 영리적 고려만 있었던 것은 아니다. 한때 앙리 피렌Henri Pierenne의 연구 이후 중세 도시를 반(反)봉건적인 자본주의의 맹아로 생각하는 경향이 있었으나, 전후의 연구를 통해 그 반대의 측면이 많이 밝혀져왔다. 중세 도시는 교회나 인근 실력자의 군사적·종교적·관습적 지배의 망

에 연결되어 있는, 중세 사회의 일부라는 성격이 강하다는 것이다. 길드는 오늘날의 영리 기업과는 달리 도시라는 공동체의 일부로서 순수한 영리적 고려만으로 생산 계획을 세울 수 있는 것은 아니었고 도시를 둘러싼 정치적, 종교적, 윤리적 책임 관계를 고려하지 않을 수 없었다. 폴라니는 이 점에서 순수하게 영리적 성격을 띠는 중상주의의 상업적 생산과 중세의 생산을 비교하고 있는 것이다. 폴라니가 아리스토텔레스의 영향을 받아 강조하고 있는 '영리적 목적의 생산'과 '사용할 목적의 생산'의 차이와 의의에 대해서는《거대한 변형》제4장 끝부분을 참조하라.

29 (옮긴이주)《거대한 변형》제3장을 참조하라.

30 (옮긴이주) 영국 금융제도의 역사를 간략히 살펴보면, 뉴턴 경Sir Isaac Newton이 금 가치를 과대평가하면서 1717년 이후 사실상의 금본위제가 이루어지기는 했지만, 그 의미는 모든 화폐의 가치는 태환을 통해 고정된 가치의 금으로 뒷받침된다는 정도였을 뿐 오로지 금만을 화폐로 쓴다는 엄격한 의미는 아니었다. 19세기 초반까지 영국 전체에 난립한 수많은 사설 은행들은 은행권을 마음대로 발행했고, 이 발권업이 은행의 주된 이윤의 근원이었다. 18세기 초부터 영란 은행의 독점적 이익을 위한 6인 조례(Six Men's Rule, 런던 근처에서 7인 이상의 합자은행은 발권업을 할 수 없다는 조항) 때문에 런던 지방에서는 이 은행이 발권업을 독점하기는 했으나, 흔히 오해하는 것과는 달리 영란 은행은 공공의 중앙은행으로 설립된 것이 아니라 중상주의 체제의 전형적인 독점적 영리 기업이었으므로 여기서 발행하는 은행권의 양이라는 것도 영리적 고려에 의해 좌우되었다. 따라서 금본위제라고 해도 실제의 통화 체제에서는 은행권, 환어음, 약속어음 등 헨리 손튼Henry Thornton이 말하는 지권 신용Paper Credit 전체가 사실상의 화폐로 쓰였다. 그런데 1790년대에 영국 정

부는 프랑스의 혁명 정부와 전쟁을 벌이면서 금의 국외 유출을 막기 위해 금태환을 금지했다. 이 기간에 국내 물가가 급격하게 상승하여 1810년에 이르면 함부르크의 외환 시장에서 파운드의 가치가 거의 절반으로 폭락하는 사태가 벌어졌는데, 이의 원인을 둘러싸고 영국의회는 유명한 지금 논쟁Bullion Controversy을 벌였다. 이때 리카르도 같은 지금주의자Bullionists는 금태환이 되지 않는 바람에 지폐가 과다하게 발행된 것이 물가 상승과 환가치 하락의 원인이라고 주장하면서, 영란 은행이나 정부가 자의로 통화를 발행할 수 없도록 하고 오로지 국내의 금 준비 보유에 맞춰 지폐를 발행해야 한다고 주장했다. 이후 몇 차례의 금융 위기를 경험하면서 리카르도의 추종자들로 구성된 통화학파가 영향력을 행사하여 1844년 필 은행 조례를 만들었다. 필 은행 조례의 내용은 앞의 주 14를 참조하라. 당시로서 이처럼 엄격한 통화 제도는 매우 혁신적인 것이었으나 10년 주기로 1847년, 1857년, 1867년에 일어난 심각한 금융 공황의 원인이 되기도 했다. 당시에 대한 구체적인 상황은 홍기빈, 〈칼 폴라니의 정치경제학: 19세기 금본위제를 중심으로〉(서울대학교 석사학위 논문, 1996), 3부 2~3장을 참조하라.

31 (옮긴이주) 20세기 전반기의 마르크스주의는 산업 생산력이 발전하고 그에 따라 노동 계급의 힘과 수가 증가하여 사회주의 혁명이 일어나게 되며, 이러한 과정은 진화와 마찬가지로 불가항력적인 것이라고 보았다. 폴라니는 여기에서 이러한 경제 결정론 혹은 숙명론적 마르크스주의를 비판하고 있다. 이러한 점에서 폴라니의 글은 같은 시대를 살았던 안토니오 그람시의 생각과 놀라울 정도로 비슷한 논지를 보여주고 있음에 주목할 만하다.

32 (옮긴이주) 폴라니의 《거대한 변형》의 민중적 민주주의popular democracy에 대한 제19장의 논의를 참조하라. 19세기까지 자유주의

정치 체제는, 일반 민중들이 선거권을 갖거나 정권을 잡을 수가 없었다는 의미에서 민주주의라 할 수 없는 것이었다. 그리고 당시의 부르주아나 지배 계급들은 그런 의미의 민중적 민주주의가 실현되면 그 정권은 민중의 물질적 복지를 위해 시장 경제에 마구 개입하려 들 것이니 자유주의 시장 경제 질서와는 양립할 수 없는 것이라고 생각했었다. 그런데 20세기로 들어오면서 사회의 경제 영역 즉 산업은 소수의 독점 자본이 지배하기에 이르렀고 정치 영역에서는 노동당이나 사회 민주당의 정권 인수가 벌어지고 말았던 것이다. 이리하여 사회의 핵심적인 두 영역이 경제적 권력을 독점한 자본가 계급과 새로이 정치 권력을 쥐게 된 인민 세력 간의 투쟁의 볼모가 되었다는 것이다. 이것이 폴라니가 말하는 교착 상태다(이러한 분석에서는 소스타인 베블런Thorstein Veblen의 영향이 엿보인다). 이렇게 경제 영역과 정치 영역이 두 세력의 볼모가 되어 사회 전체의 작동이 위협에 처하게 되자 어떻게 해서든 두 영역을 다시 통일시켜야 한다는 것이 대다수 사회 성원들의 절박한 요구가 되었다는 것이다. 이때 정치 영역의 민주주의를 경제 영역으로까지 확장시키고자 했던 것이 사회주의적 방향의 통합이라면 경제 영역의 자본가 권력을 지키기 위해 정치 영역의 민주주의를 폐지하고 경제를 합리적으로 조직하는 일부분으로써 전체주의적 명령 통제 조직으로 변질시키는 것이 파시즘의 방향이라는 게 폴라니의 논지다.

33 (옮긴이주) 이는 폴라니가 공감했었던 오스트리아의 마르크스주의 사회 민주주의자 오토 바우어Otto Bauer가 사회주의적 생산 양식과 민주주의라는 정치 체제를 결합시키는 방법으로 제시한 개념이다. 이 책에 실려 있는 우리의 이론과 투쟁에 대한 몇 가지 반성 참조.

34 (옮긴이주) 이 글은 1933~1935년 사이에 씌어진 듯하나 출간되지 않은 Introductory Notes to Karl Marx's "Political Economy and

Philosophy"이다. 참고로 폴라니가 읽었던 《경제학-철학 초고》의 판본은 러시아에서 리아자노프의 편집으로 나온 1차 전집판(Marx Engels Gesamtausgabe : MEGA)이 아니라, 란츠후트S. Landshut와 마이어J. P. Meyer가 공동으로 편집한 *Der historische Materialismus: Die Frühschriften* (Leipzig : Alfred Kroener, 1932)에 "National Ökonomie und Philosophie"라는 제목으로 실린 판본인 듯하다. 폴라니가 읽은 것으로 추정되는 이 판본에는 '제1초고'가 빠져 있다는 점이 주목할 만하다.

35 (옮긴이주) 이 글은 1933~1935년 사이에 씌어진 듯하나 출간되지 않은 Syllabus of a Lecture on Marxian Philosophy이다.

36 (옮긴이주) 이 글은 1933~1935년 사이에 씌어진 듯하나 출간되지 않은 A Christian View of Marxism. A Critique이다.

37 (옮긴이주) 북유럽 신화에 나오는 오딘Odin 신을 숭배하는 것으로, 전쟁 숭배를 말한다.

38 (옮긴이주) 폴라니는 이어서 마르크스가 루게Arnold Ruge에게 보낸 편지를 영어로 번역해놓았다. 마르크스의 주된 논지는, 인간은 영혼을 가진 존재이며 그러한 영성은 오직 동료 인간들과 만드는 자유롭고 평등한 공동체 안에서만 밝혀질 수 있다는 것이다. 따라서 이상적 공화국만이 적합한 정치 체제가 되며, 사적 이익만을 추구하는 부르주아는 그러한 공화국의 이상과 모순된다고 말한다. 마르크스 엥겔스 영어 전집*MECW*과 독일어 전집*MEW*에서 해당 편지의 날짜를 찾을 수가 없어 밝히지 못했다.

39 (저자주) '대외 경제'란 단순히 국경을 넘나드는 재화, 대부, 지불의 운동을 의미한다.

40 (옮긴이주) 원문은 unlimited revolution이다. 알다시피, 1905년 러시아 혁명의 경험에서 나온 트로츠키의 연속 혁명permanent revolu-

tion론은, 어떤 종류의 사회 혁명이건 궁극적으로 사회주의적인 강령이 실현될 때까지 계속 그 혁명을 급진화시켜야 한다는 것을 골자로 한다. 단지 트로츠키주의자들뿐 아니라 이른바 "민주주의 혁명에서 사회주의 혁명으로의 성장 전화"라는 것은 모든 공산주의자들이 공통으로 표방하는 혁명론이었다.

41 (옮긴이주) expropriation은 소유권의 박탈이 없는 상태에서 단지 소유자의 용익권usufruct상의 권리를 공공의 목적 등을 위해 제한하거나 박탈하는 것을 의미하며, 원칙적으로 소유자는 보상에 대한 권리를 갖게 된다. 반면 confiscation은 그러한 사적 소유권 자체의 박탈을 의미한다. 주의할 것은, 그렇다 하더라도 이는 반동적 지배계급들과 같은 특정 개인들의 사적 소유를 박탈하는 것이지 사적 소유 일반의 법적 제도적 철폐라는 사회주의적 변혁과는 다르다는 점이다. 해방 직후 반동적 친일 세력에 대한 토지 몰수나 적산불하를 둘러싸고 나왔던 유상 몰수(여운형의 중도좌파)나 무상 몰수(박헌영의 공산당) 등의 주장도 이러한 맥락에서 이해할 수 있을 것이다.

42 (옮긴이주) 잘 알려진 사실이지만, 레닌 사후 1920년대의 소련의 국제 공산주의 운동 지도 노선은 트로츠키를 중심으로 한 세계 혁명 노선과 스탈린과 부하린을 중심으로 한 일국 사회주의 노선으로 갈린다. 전자는 프랑스 혁명 이후 유럽 혁명 운동의 전통적 관념에 더욱 충실한 것으로, 유럽의 사회 혁명은 '세계적', 적어도 유럽 전체를 아우르는 것이어야 한다는 주장이었다. 이것이 초기 마르크스주의의 경제주의적 사적 유물론 해석과 연결되어, 러시아 같은 후진국 단위의 프롤레타리아 혁명은 그 자체로 사회주의로 변화할 수 없다는 관점으로 발전했다. 이 경우 영국이나 최소한 독일 같은 선진국의 사회주의 혁명과 연결되는 것만이, 즉 전 유럽으로 혁명이 확장되는 것만이 사회주의가 승리하는 길이 된다. 반면 스탈린의

일국 사회주의 노선은, 그러한 혁명의 세계적 확장보다는 사회주의 종주국인 소련을 호전적인 제국주의 국가들의 고립 및 침략 정책에 맞서 보호하는 것에 더 큰 관심을 둔다. 이는 1935년 7차 대회 이전까지 일관되게 코민테른에서 후진국 혁명에 적용하는 테제로 제출되었던 이른바 '당면 혁명의 (사회주의가 아닌) 부르주아 민주주의적 성격'이라는 개념으로, 또 스탈린과 히틀러가 맺은 독소 불가침 조약 등에서 나타난다. 폴라니가 이 글을 쓸 당시 동유럽 여러 나라에서 성립되던 정권도 프롤레타리아 독재에 기반하여 사적 소유를 소멸시키는 사회주의 정권이 아니라, 극우 반동 세력만을 배제하고 공산당에서 자유주의 정당까지를 포괄하는 연립 정부에 바탕을 두고 있었다. 즉, 사적 소유 일반을 철폐하는 것이 아니라 반동 세력의 재산을 몰수하는 정도의 민주주의적 과제를 수행하는 이른바 '인민민주주의' 정권이었다. 당시 대부분의 동유럽 지역을 소련군이 군사적으로 점령하고 있었음을 감안한다면, 이와 같은 소련의 우편향적인 외교 정책은 폴라니가 지적하듯 더욱 역설적이다.

43 (옮긴이주) 폴라니는 19세기 말의 호전적 민족주의가 제도화된 가장 중요한 원인의 하나를 민족 국가가 중앙은행으로 국내의 신용 체계를 조직하면서 강력한 통화 주권을 갖게 된 것이라고 보고 있다. 19세기에 전 세계적으로 이루어진 자기 조정적 시장 경제는 국제 금본위제라는 통화 제도를 강제하게 된다. 그런데 세계 시장의 자기 조정을 위해 각국이 국내 통화 공급의 메커니즘을 완전히 금본위제의 정화유동기제specie-flow-mechanism에 맡길 경우 국내 경기의 불안정성을 면할 길이 없다. 따라서 국제적 금본위제를 유지하는 동시에 국내 경제의 안정을 도모하려면 국내의 금융시장 전체를 중앙은행 휘하에 효율적으로 조직하지 않을 수 없으며, 이 과정에서 민족 국가가 더욱 단단하게 통합되고 사람들은 경제적 공동체로

서 민족의 틀에 더 의존하게 된다는 것이다. "이 민족 국가라는 새로운 실체는 민족적 틀이라는 주형에서 찍혀 나오기는 했지만, 옛날의 엉성했던 전신과는 닮은 점이 거의 없었다. 이 민족이라는 새로운 갑각류는 국민적 명목 화폐를 통해 자신의 일체성을 표현했는데, 이 통화는 전대미문의 절대성과 유일성을 갖춘 주권이라는 형태로 수호되었다."(《거대한 변형》, 202쪽) 폴라니의 시각에서 19세기 후반 금본위제의 변질과 붕괴를 고찰한 것으로는 홍기빈, 〈칼 폴라니의 정치경제학 : 19세기 금본위제를 중심으로〉, 3부를 참조하라.

44 (옮긴이주) 유럽에서 일어나는 전쟁에 중립을 표방하던 미국은 1941년 8월 드디어 영국과 전쟁 후의 세계 질서에 대한 개략적 합의라고 할 수 있는 8개조의 대서양 헌장에 합의하고 이후 전쟁에 대한 개입을 서두른다. 대서양 헌장은 이전의 윌슨 대통령의 14개조와 매우 비슷하고, 14개조의 제3조였던 '자유 무역의 회복'이라는 명제도 그대로 포함하고 있다.

45 (옮긴이주) 1914년 이전의 금본위제는, 각 나라가 자국의 통화 가치를 일정량의 금에 고정시키고 언제든지 그만큼의 금화 또는 금괴와 태환할 수 있는 금화본위제 혹은 금괴본위제였다. 이 제도를 순수하게 적용할 경우 불안정한 통화 공급으로 인해 특히 무역 적자국의 경제에 파괴적인 영향을 줄 수 있지만, 현실적으로는 당시 자본 과잉국이던 영국의 국제적 금융 대부가 그러한 결함을 보완할 수 있었고, 따라서 영국의 파운드는 현실적으로 당시에도 기축 통화의 역할을 하고 있었다. 1차 세계대전이 끝난 뒤 금본위제를 재건하면서 이러한 현실을 감안하여 파운드의 가치만을 금과 고정시킨 후 각국의 통화를 파운드에 고정시켜, 국제 결제에서는 파운드를 쓰도록 하는 금환본위제가 공식화되었다. 폴라니가 이 글을 쓰기 전인 1944년에 이미 미국 주도로 틀이 잡힌 브레튼 우즈 체제도

파운드 대신 달러를 기축 통화로 쓰는 금환본위제이다. 문제가 되는 것은 이 브레튼 우즈의 금환본위제가 상징적인 의미에서만 금본위제이고 실제로는 미국을 포함한 각국이 자유로운 국내 통화 정책을 추구할 수 있는 관리 통화 제도의 초석이 되는 것인가, 아니면 여기서 폴라니가 주장하는 것처럼 브레튼 우즈도 고정 환율 제도라는 제약을 가하는 점에서 궁극적으로는 시장의 자기 조정에 통화 공급을 종속시키는 금본위제의 본질을 갖는가 하는 것이다. 브레튼 우즈 회담 당시 영국 대표인 존 메이너드 케인스가 제출한 결제동맹/방코르 안을 보면 이러한 폴라니의 주장과 일맥 상통하는 면이 있다. 케인스의 안은, 모든 국가가 동일한 결제 동맹에 가입하여 교역상의 적자와 흑자를 그 결제 동맹의 계정상의 가감으로 처리하자는 것이고, 이때 국가 간 결제에 쓰이는 가상의 화폐로 제안한 것이 '방코르'였다. 방코르는 금의 가치와 연동은 되어 있지만 금으로 태환되는 것은 아닌 데다 오직 국가 간의 결제에만 사용되므로 폴라니가 비난하고 있는 전 세계적인 금본위제와는 거리가 멀다. 이러한 안을 낸 케인스의 주된 관심도 폴라니와 비슷하게 세계 경제라는 '저거노트' 때문에 각 나라 경제 계획의 자율성이 망가지는 것을 방지하고 나라 사이의 집단적 협력과 각국의 경제 계획을 통해 좀더 인간적인 경제 체제를 만드는 것이었다. 하지만 당시 세계 최대의 채권국이었던 미국으로서는 달러의 권력을 완전히 없애버릴 이러한 이상적인 대안에 찬성할 수 없었고, 결국 브레튼 우즈 체제는 달러를 기축 통화로 하는 금본위제로 자리 잡는다. 그 뒤 국제통화기금IMF 등의 기구가 적자국에 대한 일정한 융자를 보장함으로써 브레튼 우즈 체제의 금본위적 성격을 어느 정도 완화시킨 것도 사실이다. 그러나 1970년대 이후 브레튼 우즈도 사라지고 국제통화기금은 엉뚱하게도 빚쟁이 집달리처럼 변질되어가는 오늘날, 미국의 달러는 현실적인 세계 통화로 군림해오고 있다.

46 AMGOT는 점령 연합군 군사정부Allied Military Government of Occupied Territory를 말한다. 후에 AMG로 명칭이 바뀐다. UNRRA는 구제 및 복구를 위한 연합국 사무소United Nations Relief and Rehabilitation Administration로, 여기에서 United Nation은 UN과는 무관한 전쟁 연합국을 뜻한다. UFEA는 유럽-아프리카 금융 동맹Union Financiere pour l'Europe et l'Afrique을 뜻한다.

47 (옮긴이주) 교회의 정치권력을 옹호하는 자들을 말한다.

48 (옮긴이주) 산업화가 절정에 달한 1840년대 영국의 사회적 양극화를 두고 토리당의 정치가 디즈레일리는 중산 계급과 프롤레타리아 계급은 피부색만 똑같을 뿐 다른 민족이 되어버렸다고 통박했다고 한다. 웰즈H. G. Wells의 소설《타임머신》에서 70만 년 후의 세계에 나타나는 그로테스크한 인간상은 어쩌면 이 어구에서 영감을 얻었는지도 모르겠다.

49 (카리 폴라니의 주) 칼 폴라니의 저작 가운데 가장 중요하고 잘 알려진 《거대한 변형》은 원래 1944년에 출간되었으며, 이때 그의 나이는 쉰여덟이었다. 원시 및 고대 사회의 경제 제도에 대한 그의 연구의 결실은 13년 후《초기 제국의 교역과 시장*Trade and Market in Early Empires*》(Glencoe : The Free Press, 1957) 그리고 그의 사후에 출간된《다호메이 왕국과 노예 무역*Dahomey and the Slave Trade: An Analysis of an Archaic Economy*》(Seattle : Univ. of Washington Press, 1966)으로 선보였다. 피어슨Harry Pearson이 편집한《인간의 살림살이*The Livelihood of Man*》(New York : Academic Press, 1977)는 컬럼비아 대학에서의 강의 노트와 고대 세계에 대한 숱한 수고(手稿)들로 구성한 것이다. 그리고 돌턴이 편집한《원시 경제, 고대 경제, 현대 경제*Primitive, Archaic and Modern Economies*》(Garden City : Doubleday, 1968)는 출간된 폴라니

의 논문 가운데 가장 중요한 글들을 모은 것이다.

50 (옮긴이주) 폴라니의 대표적인 저서《거대한 변형》의 끝부분에서 짧게 내비친 논점을 계속 확장해나가기 위해서였다.《거대한 변형》의 마지막 장의 제목도 '복합 사회의 자유'이다. 여기서 폴라니는 짧지만 매우 함축적으로 현대 문명의 자유 문제를 새롭게 해석하려 한다.

51 (카리 폴라니의 주) 폴라니는 1950년 오스카르 야시Oskar Jaszi에게 보낸 편지에서 자신이 그동안 펴낸 저작들을 평가하면서 이 글의 의미를 다시 언급했다. "저는 1909년《20세기Huszadik Szazad》지의 50주년 특별 부록에서 '사상의 위기Nezeteink Valsaga'라는 제목으로, 비록 몇 가지 오류를 범하기는 했지만, 30년 후에도 여전히 제 생각의 흐름을 대표할 만한 가설을 제시했습니다."

52 (옮긴이주) 갈리시아Galicia는 폴란드와 우크라이나의 국경 지역으로, 한때 오스트리아의 영토였다.

53 (옮긴이주) 오스트리아의 경제 잡지로, 당시 빈은 동구 및 중구 지역의 금융 중심지였고, 이 잡지는 영국의《이코노미스트*Economist*》, 미국의《월 스트리트 저널*Wall Street Journal*》과 함께 세계 주요 3대 경제지였다고 한다. 1938년 나치에 의해 폐간되었다.

54 (옮긴이주) 폴라니의 아내인 일로나 두친스카야는 헝가리에서부터 공산주의 활동을 한 전력이 있었다. 당시 미국은 매카시즘이 판을 치던 때였다.

55 (카리 폴라니의 주) Ilona Polanyi, "Karl Polanyi(1886~1964)—A Family Chronicle and a Short Account of his Life", *Szazadok*(1971) No. 1, 89~95쪽. 미할리 폴라세크의 형제들은 비범한 세대를 만들어 냈다. 그의 여동생 루이자의 아들인 에르빈 사보Ervin Szabo는 사회주의 대학자로서 초기의 모든 헝가리 혁명가들에게 영감을 불어넣었다. 다른 여동생 빌마의 아들인 에르뇌 세이들러Ernö Seidler는

1919년 헝가리 코뮌 기간에 군사 지도자로 활동했다. 또 다른 여동생 테레즈의 아들인 오돈 포르Odon Por는 영국에서 길드 사회주의 저술가로 알려져 있다.

56 (카리 폴라니의 주) 하지만 이 간격은 과장되어왔다. 갈릴레이 서클이 사회주의적 조직이었는가라는 질문에 공동 창립자였던 지그몬드 켄데Zsigmond Kende는 이렇게 대답한다. "우리도 우리를 사회주의자라고 생각한다. 우리는 모두 인류의 방향이 사회주의를 향하고 있음에 동의했다. 단 우리는 그 성격에 관해 교조적이지는 않았다. 하지만, 우리는 실천적인 이유에서 갈릴레이 서클은 사회주의적 기관이 되지 않는다는 데 처음부터 동의했다. 그럼에도 불구하고 사회주의, 마르크스주의, 사적 유물론에 대한 인식은 항상 우리 교육 활동의 목표였다."

57 (카리 폴라니의 주) Karl Polanyi, 〈헝가리의 민주주의 강령과 문헌A magyar demokracia celkituzéséirol〉, *Láthátar*(March~April, 1927)을 참조하라.

58 (카리 폴라니의 주) Karl Polanyi, *Archiv für Sozialgesellschaft und Sozialpolitik*, Vol. 49(1922), 377~420쪽 ; L. von Mises, *Archiv für Sozialgesellschaft und Sozialpolitik*, Vol. 51(1923), 488~500쪽 ; J. Marshack, *Archiv für Sozialgesellschaft und Sozialpolitik*, Vol. 51(1923), 501~520쪽 ; F. Weil, *Archiv für Sozialgesellschaft und Sozialpolitik*, Vol. 52(1924), 196~217쪽 ; K. Polanyi, *Archiv für Sozialgesellschaft und Sozialpolitik*, Vol. 52(1924), 218~227쪽. 당시 빈 대학 경제학과의 사회주의자 학생이었던 펠릭스 샤퍼Felix Schafer는 출간되지 않은 중요한 수고에서, 1924년 폴라니가 주재한 '길드 사회주의'에 대한 세미나에서 폴라니의 말을 듣고 느꼈던 흥분에 대해 적고 있다. 기능적 사회주의의 실현 가능성은 당시 경제학 연구자들이 가

장 치열하게 경합을 벌였던 주제다. 사회주의 경제에 대한 실증적 이론——여기에서는 사적 소유와 계급 적대의 철폐를 통해 사회적인 책임이 구현되는 것이었다——을 구성하려는 폴라니의 시도는, 시장 경제 그리고 그가 '비자유'의 형식이라고 보았던 중앙 집권화된 사회주의 양자에 대한 혐오에 뿌리를 두고 있다. 생산자와 소비자가 협동적 연합체를 만들어 자원의 배분과 할당을 함께 결정한다는 그의 모델은, 사적 소유의 철폐로 노동자와 자본가의 계급 갈등이 제거된 뒤에 민주주의와 사회주의의 질서를 성립하는 데 바탕이 되도록 고안한 것이었다. 그는 오스트리아 학파의 주관적 가치이론이 고전적인 마르크스주의의 노동가치론보다 우월하며 선택의 문제를 다루는 데 더욱 적합하다고 보았다. 이 점에서 그는 슘페터를 따랐지만, 오스트리아 경제학자들의 방법론에 사회주의의 내용을 담으려 했다는 점에서는 차이가 있다.

59 (옮긴이주) 폴라니는 공동체Gemeinschaft/community와 사회Gesellschaft/society라는 퇴니에스Ferdinand Tönnies의 구별을 높이 평가한다. 후자가 계약에 근거한 기능적인 인간 관계만을 중심으로 하고 있다면, 전자는 포괄적인 인간 관계를 담지하는 의미를 갖고 있다.

60 (옮긴이주) 폴라니의 계급이론은 그람시Antonio Gramsci의 이론과 매우 비슷하다. 어떤 계급이 자신들의 이익을 관철하고 나아가 지배 계급이 되기 위해서는 자신들의 분파적 이익보다는 폭넓은 사회적 이익을 대변해야 한다는 것이 폴라니의 주장이다. 또한 그는 계급 분석에서 사회 전체의 개념과 관점이 논리적으로 선행한다는 사실을 강조했다. 폴라니의《거대한 변형》제13장과 이 책에 실린〈다시 쓰는 마르크스주의〉를 참조하라.

61 (카리 폴라니의 주) 빈의 노동자 교육을 다룬 뛰어난 글로는 다음이 있다. J. Weidenholzer, *Auf dem Weg 'Neuen Menschen' : Bildungs*

und Kulturarbeit der österreichischen Sozialdemokratie in der Ersten Republik(Vienna : Europaverlag, 1981). 폴라니는 이렇게 말했다. "나는 내 삶의 40년을 노동자 교육 운동에 바쳤으며 그중 10년은 이 나라에서 보냈다. 나는 주로 마르크스주의에 바탕한 접근을 포함하여 사회과학을 연구했다. 내게 노동자교육연합은 가장 행복한 추억이다. 그리고 마르크스주의를 한데 싸잡아 공격하는 것을 들으면 나는 지금도, 전 세계 파시스트들의 광적인 혐오를 불러일으킨 그 신조를 편들게 된다."

62 (옮긴이주) 'public school'은 미국에서는 공립학교를 뜻하지만, 영국에서는 대학 진학 혹은 관직을 원하는 학생들을 위한 사립기숙학교을 지칭한다. 이튼Eaton, 해로Harrow, 럭비Rugby 등의 명문 고등학교가 대표적인 예이다. 영국의 공립학교는 'council school' 혹은 'county school'이라고 한다.

63 (카리 폴라니의 주) Anson Rabinbach, *The Crisis of Austrian Socialism*(Chicago : Univ. of Chicago Press, 1983), 7쪽.

64 (옮긴이주) 전쟁이 끝난 후, 소련을 바라보는 폴라니의 시각은 매우 비관적으로 바뀌었다. 소련에 대한 그의 생각은 사르트르J. P. Sartre와 비슷했다고 한다.

65 (옮긴이주) 뮌헨 협정(1938)을 말하는 듯하다. 이것은 체임벌린, 달라디에, 히틀러, 무솔리니 등 영국, 프랑스, 독일, 이탈리아의 수뇌들이 모여 이룬 협정이다. 히틀러는 체코슬로바키아를 침공한 후 쥐데텐 할양 등 무리한 요구를 계속하려 했다. 영국의 체임벌린 수상은 이러한 히틀러의 강공에 계속 유약한 유화정책으로 일관했고 이는 2차 세계대전 발발의 중요한 계기로 작동했다고 볼 수 있다. 뮌헨 협정은 체임벌린의 대독 유화 정책이 극에 달한 사건으로, 이후의 국제 정치 상황을 판가름하는 분수령이 된다. 결국 이후 독일의

독주에는 제동을 걸 수 없었기 때문에, 뮌헨 협정은 히틀러의 흥성과 2차 세계대전을 가져온 한 계기로 악명이 높다. 체임벌린의 이 같은 대독 유화정책의 근저에 깔려 있는 것은, 로이드 조지 이래 독일의 우익 정권을 통해 러시아로부터의 볼셰비키화의 위협을 막자는 전통적 영국 외교 정책의 의도였다고 볼 수 있다.

66 나는 이런 담론을 시장 신화라고 부를 것이다. 사실 이러한 시장 신화는 폴라니가 구성해낸 일종의 이념형으로, 순수하게 위와 같은 주장을 한 어느 한 명의 사상가를 집어내기는 어렵다. 또 18세기나 19세기 초에나 통했을 법한 이 신화를 그대로 신봉하고 가르치는 지식인은 드물 것이다. 그럼에도 불구하고 시장 신화의 현실적 영향력이 사라졌다고는 생각되지 않는다. 존 로크나 루소가 사회계약론의 전제조건으로 세운 '자연 상태State of Nature'라는 것이 역사적으로 전혀 존재한 적이 없는 이론적 허구임은 누구나 알고 있다. 그렇다고 해서 현실 세계에서 사회계약론이라는 정치철학이 무력해졌는가? 사회계약론에 바탕을 둔 자유민주주의 체제야말로 후쿠야마가 말하는 이른바 '역사의 종말' 이후 유일무이한 정치 체제로 선전되고 있지 않은가? 오늘날 천지창조나 무구수태(無垢受胎)의 신화를 글자 그대로 믿는 기독교인은 크게 줄어들었지만 성직자들이 그들의 정신 생활에 미치는 영향이 그에 비례하여 줄어들었다고는 말할 수 없다. 이러한 신화 체계들의 특징은, 논리적으로 완결된 하나의 보편적인 세계상을 그려냄으로써 특수한 문제들에 나름대로 해답을 제시할 수 있다는 것이다. 그렇기 때문에 사회가 혼란스러울 때 일반 서민들은 현실적 근거의 유무에 크게 얽매이지 않고 신화의 체계 안에서 답을 찾으려 한다. 그리고 이런 서민들의 마음을 이용하여 지식인으로 행세하려는 속물들이 그러한 신화를 재생산한다. 그러므로 과학적인 가설이라기보다는 신화의 체계로서 현대 사

회에 힘을 발휘하고 있는 시장 신화를 분석하고 과학적 근거를 따져나가는 일은 중요하다.

67 Karl Polanyi, "Hamlet", *Yale Review*, New Series 43(1954).

68 인생이란 운명의 여신의 장난에 농락당하는 것이어서, 인생과 세계는 저주스러운 것일 뿐이라는 생각은 중세 이탈리아의 시집《카르미나 부라나Carmina Burana》에 실린 칸초네 〈운명, 사바세계의 여왕〉에도 보인다. "오 운명, 달님처럼 너도 변하는구나 항상 기울고 항상 이울고 / 이가 갈리는 인생 처음에는 짓밟고 다음에는 달래주고 변덕이 죽 끓듯 하는구나."

69 이러한 인생관은 마르크스의 젊은 시절의 저작《경제학 철학 초고》에 나오는 다음과 같은 구절과 일맥상통한다. "노동, 생명활동, 생산적 삶 그 자체는 사람에게는 처음에는 그저 필요욕구, 즉 물질적 존재를 유지하는 필요욕구를 충족시키는 수단으로만 보인다. 하지만 생산적 삶은 삶을 생겨나게 하는 삶이다. 자유롭고 의식적인 활동은 인간의 유적 성격이다. 삶 자체는 오직 삶에 대한 수단으로서만 나타나는 것이다"[Marx·Engels, Collected Works, vol. 3(London : Lawrence and Wishart, 1975), 276쪽]. 원문 강조.

70 칼 폴라니,《거대한 변형》, 158쪽.

71 시장이라는 제도의 기원의 본질이 이렇게 사회 바깥에 있다고 보는 점에서는 마르크스, 베버, 폴라니의 견해가 일치한다.《정치경제학 비판요강Grundrisse》의 서문이나《자본론》1권의 1장과 2장에서 마르크스는 상품적 교환은 그 기원이 공동체 외적인 관계에서만 시작된 것임을 누누이 강조하고 있으며, 베버도 시장적 관계의 몰인격성에 주목하여 이것이 기본적으로 사회적 질서와 양립할 수 없으므로 사회 외적인 관계에서 가능하다고 강조한다. Max Weber, "Market: Its Impersonality and Ethic(fragment)", *Economy and Society*,

vol. 2 (New York: Bedminster Press, 1968).

72 이러한 1920년대의 상황에 대해서는 Charles Maier, Recasting *Bourgeois Europe*(Princeton: Princeton Univ. Press, 1975)을 참조하라. 마이어는 폴라니와 매우 비슷하게 1920년대를 다음과 같이 진단한다. "돌이켜보건대, 부르주아 사회는 보수적인 유토피아(칼 만하임적인 의미에서)에 해당하는 것이었다. 일단 옛날을 단순히 복구하는 것이 불가능하다고 판명되자 유토피아로서의 부르주아 사회는 보수적인 그리고 궁극적으로는 조합주의적 전략을 고무했다…부르주아적 유토피아와 조합주의적 결과 사이의 긴장——이는 역사에서 결코 끊기는 법이 없는, 인간들의 의도와 그 의도가 집단적으로 실현되는 것 사이의 변증법의 일부이다"(Charles Maier, *Recasting Bourgeois Europe*, 15쪽).

73 Edward Hallet Carr, *Twenty Years' Crisis, 1919~1939*(New York: Harper and Row, 1946/1964, second edition). 이 저서는 현대 국제 정치학의 효시로 평가받는 고전이다.

74 J. M. Keynes, "Economic Consequences of Mr. Churchill", *The Collected Writings of John Maynard Keynes*, vol. 9, D. Moggridge (ed.)(New York : St. Martin's Press, 1925/1977) ; *A Tract on Money Reform*(London : Macmilan, 1923).

75 이러한 폴라니의 주장을 "산업 사회 이전에는 모든 시장이 규제되어 자유로운 가격 결정 시장 따위는 없었다"는 것으로 오해한 대표적인 사람이 프랑스 아날 학파의 거장 페르낭 브로델Fernand Braudel이다. 비록 오해에 바탕을 두고 있지만 브로델의 폴라니 비판은 그 자체로 중요하다. Fernand Braudel, *The Wheels of Commerce: Civilization and Capitalism 15~18th Century*, vol. 2(New York: Harper and Row, 1979/1982), 225~226쪽.

76 폴라니는 이러한 자기 보호 운동이 항상 진보적인 것은 아니라고 강조한다. 일관되게 시장 자본주의를 견제하는 세력 중에는 항상 진보적인 방향을 지향하는 노동 계급의 운동만 있는 것이 아니라 이와 대조적으로 토지에 기반을 둔 보수 반동적인 성격을 띤 토지 기반 세력들——토지 귀족, 교회, 반동적 농민 운동, 군국주의 등——이 항상 있었다는 것이다. 폴라니는 파시즘의 기원을 사회의 자기 보호 운동 안에 존재하는 이러한 반동적인 흐름에서 찾고 있다. 그 내용은 개인의 자유나 민주주의처럼 시장 자본주의에서 이룩한 모든 진보적인 것들을 폐기하는 방향으로 사회를 퇴행시키려는 것이다. 내가 이 점을 강조하는 것은, 시장 자본주의에 반대하는 사람들은 모두 공동의 전선을 형성할 수 있다는 생각이 전 세계로 퍼지고 있는 것 같아서이다. 그 반대의 방향이 더 나은 미래를 지향하는 것일 수도 혹은 더 어두웠던 과거로 돌아가는 반동을 의미하는 것일 수도 있다는 폴라니의 주장을 기억해둘 필요가 있다.

77 볼셰비키 이론가 부하린Nikolai Bukharin의 '국가-자본 트러스트' 개념에서도 이러한 폴라니의 진단과 비슷한 분석이 보인다. 주로 20세기 초의 독일 자본주의를 모델로 한 이 개념은 노동자, 농민, 자본가가 민족 국가기구를 매개로 결합하여 단일한 이익의 집단을 구성한다는 내용을 담고 있다. Nikolai Bukharin, *Imperialism and World Economy*(New York : Howard Fertig, 1917/1966). 이 책은 1980년대 지양 출판사에서 지은이를 밝히지 않은 채 '제국주의론'이라는 제목으로 출간되었다.

78 아이헨그린Barry Eichengreen의 표현이다. Barry Eichen-green, *Golden Fetters : The Gold Standard and the Great Depression, 1919~1939*(New York: Oxford Univ. Press, 1992)을 참조하라.

79 하지만 폴라니는 아주 잠깐 헝가리 공산당에 가입한 적이 있었다.

당원이었다. 이 일은 그다지 알려지지 않았는데, 폴라니의 인간적인 모습과 그가 마르크스주의 운동에 취했던 태도를 아주 상징적으로 보여준다는 점에서 흥미롭다. 1차 세계대전과 러시아 혁명 직후 중동부 유럽을 휩쓸었던 사회주의 혁명의 물결 속에서 헝가리에서도 프롤레타리아 독재 정권이 수립되어, 루카치György Lukács를 비롯하여 폴라니의 친구 여러 명이 여기에 참여한다. 당시 전쟁에서 막 돌아와 폐결핵을 심하게 앓고 있던 폴라니는 정치 활동을 할 수 있는 형편이 아니었지만 여러 차례 좌익 정권의 정책을 강하게 비판하는 글을 썼다. 그런데 얼마 지나지 않아 극우 세력의 쿠데타로 좌익 정권이 무너지고 많은 혁명가들이 사형을 당하거나 망명하는 사태가 벌어졌다. 아내 일로나의 회상에 따르면, 쿠데타 소식을 접한 바로 그날, 폴라니는 공산당 입당을 허락해달라는 편지를 루카치에게 보낸다. 어느 편인가를 분명히 해야 하는 정치적 결단의 순간에 위험을 무릅쓰면서까지 사상이 일치하지도 않는 집단에 지지를 보냄으로써 내면의 명령을 따르려고 했던 폴라니의 인격적인 면모가 인상적이다. *Karl Polanyi in Vienna*, K. Polanyi-Levitt (ed.) (Montreal : Black Rose Books, 2000), 309쪽.

80 폴라니는 멩거나 뵘 바베르크 같은 오스트리아 학파의 경제학 이론을 따르고 있다. 그는 한계효용가치론이 인간의 선택과 자유의 여지를 둔다는 점에서 노동가치론보다 사회주의 경제의 기초 이론으로 적합하다고 생각했다. 사회주의 경제학자 가운데 한계효용론에 기반을 둔 사람으로는 유일한 예가 아닐까 한다.

81 1844년 노트에 나오는 다음과 같은 마르크스의 구절과 대비해보라. "(사회적 생산과정을 통해) 나는 너를 위해 네가 너의 유(類)와 연결될 매개자가 되어주며, 따라서 너 자신은 나를 너 스스로의 본질적 성격의 완성으로서 또 너의 필수적인 일부로서 느끼고 인정해줄

것이며, 결과적으로 너의 생각과 사랑 모두 속에서 나 자신의 존재가 확고해진다는 것을 알게 될 것이다"(Marx·Engels, *Collected Works*, vol. 3, 228쪽).

82 자세한 내용은 이 책의 〈우리의 이론과 실천에 대한 몇 가지 의견들〉을 참조하라.

83 이러한 노력이 거둔 주요한 성과는 *Livelihood of Man*, Harry Pearson(ed.)(New York : Academic Press, 1977) 일부분에 실려 있다.

84 Charles Lindblom, *Politics and Markets*(New York : Basic Books, 1977).

85 "International Regimes, Transactions, and Change: Embedded Liberalism in the Postwar Economic Order", *International Organization*, 36, 2, Spring, 1982.

더 읽어야 할 자료들

제임스 R. 스탠필드, 《칼 폴라니의 경제 사상》, 원용찬 옮김(한울, 1997)

미국 제도주의 경제학자로 분류되는 저자가 칼 폴라니의 경제 사상에 대해 간략하게 저술한 입문서이다.

칼 폴라니, 《거대한 변환》, 박현수 옮김(민음사, 1997)

가장 대표적인 폴라니의 저서이다. 1944년 출간된 이후 현재 이미 사회 사상의 고전의 위치를 차지했다. 안타깝게도 국역본이 절판되었다. 2009년에 《거대한 전환》(홍기빈 옮김, 길) 으로 출간되었다.

칼 폴라니, 《사람의 살림살이 1, 2》, 박현수 옮김(풀빛, 1998)

폴라니의 유고를 정리하여 편집한 책으로, 만년의 경제 인류학에 대한 연구 성과를 볼 수 있다. 전반부는 '실체 경제학'에 대한 개념과 범주에 대한 구상이 나오며 후반부는 그에 기반한 고대 그리스 경제의 연구가 보인다.

칼 폴라니, 《초기 제국에 있어서의 교역과 사상》, 이종욱 옮김(민음사, 1994)

폴라니가 컬럼비아 대학에 있을 무렵 경제학, 인류학, 사회학 등에 걸친 학제적 연구 프로젝트를 조직하여 고대 사회와 원시 사회에 대한 시장 주의적 편견에 본격적으로 도전한 저작이다. 우리말 번역본은 심각한 오역과 "실질주의/형식주의 경제학은 규범 경제학/실증 경제학을 의미한다"는 식의 옮긴이의 개입이 눈에 띄어 권하고 싶은 마음이 없다.

홍기빈, 〈칼 폴라니의 정치경제학: 19세기 금본위제를 중심으로〉(서울대학교 석사학위 논문, 1996)
전반부는 시장 자본주의에 대한 칼 폴라니의 분석틀을 요약하고 후반부에서는 그에 기반한 19세기 금본위제의 성립, 발전, 소멸에 대한 연구가 시도된다.

Bjorn Hettne, *Development Theory and the Three Worlds: Toward an International Political Economy of Development*(London: Longman, 1995)
저자는 폴라니의 아이디어 가운데 특히 전 세계적 자본주의를 대체할 질서로서의 지역주의적인 계획경제라는 생각을 발전시켜 현재의 지구화에 대한 대안으로 유럽과 그 밖의 지역에 상호 호혜적이고 개방적인 지역 경제 블록이 들어서는 질서를 논의하고 있다. 이는 특히 1997년의 금융 위기 이후 진퇴양난에 빠진 아시아 지역 국가들의 경제 질서 재편에 큰 시사점을 준다고 생각된다.

Karl Polanyi, *Dahomey and the Slave Trade*(Seattle: Univ. of Washington Press, 1966)
근대 초기 아프리카 서해안에 있던 다호메이 왕국의 경제 형태를 연구하고, 이것이 유럽인들과의 화폐 교역을 통해 어떤 변화를 겪게 되는가를 연구한 모노그래프이다.

Karl Polanyi, *Primitive, Archaic, and Modern Economies*(Garden City: Doubleday, 1968)

폴라니의 제자인 조지 돌턴이 폴라니의 주요 논문들과 저서를 발췌하여 편집한 책이다. 서울대학교 미국학 연구소에서 찾을 수 있다.

Kari Polanyi-Levitt (ed.), *The Life and Work of Karl Polanyi: A Cele bration*(Montreal : Black Rose, 1990)

1986년 헝가리 부다페스트에서 열렸던 폴라니 탄생 백주년 기념 학술 회의에서 발표된 글들을 모은 것이다. 칼 폴라니 연구소에서 편집해낸 비슷한 책들 가운데 범위의 넓이와 깊이가 가장 뛰어난 편집본으로 보인다. 칼 폴라니의 일생과 그의 사상 행적에 관계된 글에서부터 정치학자, 경제학자, 인류학자 등 다양한 인접 학문의 학자들이 말하는 폴라니 사상의 가능성에 대한 글들이 실려 있다.

Rhoda Halperin, *Economies across Cultures: Towards a Comparative Science of the Economy*(London: Macmilan, 1988)

이 저서는 칼 폴라니가 마련한 경제 분석의 개념틀과 도구들을 카를 마르크스의 방법론과 비교 분석 종합하여 문화와 발전 단계를 넘어서서 인간 생활의 경제적 요소들을 폭넓게 비교할 수 있는 인류학적 사회학적 분석의 틀을 발전시키려는 독특한 시도이다.

그 외 미출판 유고를 포함한 칼 폴라니 관련 문헌은 몬트리올에 있는 콩코디아 대학Concordia University의 칼 폴라니 정치 경제 연구소Karl Polanyi Institute of Political Economy에서 구할 수 있다. 이곳의 주소는 Concordia University, 1455 de Maisonneuve Blvd. West, Montreal,

Quebec H3G 1M8 Canada이며, 이메일 주소는 polanyi.institute@concordia.ca이다.

홍기빈 tentandavia@naver.com

1968년 서울에서 태어나 서울고등학교를 졸업하고 1987년 서울대학교 경제학과에 입학했다. 1993년 같은 대학 외교학과 대학원에 진학해 국제 정치경제를 공부했으며 석사 학위 논문 〈칼 폴라니의 정치경제학: 19세기 금본위제를 중심으로〉를 제출했다. 1996년 몬트리올의 칼 폴라니 정치경제 연구소 주최 학술회의에서 논문, "Beyond the State and Market: Young Marx's Paris Notes and Polanyi"를 발표했다. 2001년에는 칼 폴라니의 사상적 영감이 된 아리스토텔레스의 경제 사상 입문서인《아리스토텔레스, 경제를 말하다》(책세상)를 출간했다. 2006년에는《투자자-국가 직접소송제: FTA의 지구정치경제학》(녹색평론사), 2007년에는 소유권의 사상과 제도의 역사를 다룬《소유는 춤춘다》(책세상)을 출간했다. 2009년 토론토 요크 대학 정치학과에서 조너선 닛잔 교수의 지도 아래 '자본-통제-복합체capital-control-complex' 개념을 만들고 이를 20세기 일본 자본주의의 역사에 적용하는 내용의 논문으로 박사 학위를 받았다. 장기적인 관심사는 우선 새로운 서구 지배 체제에 맞서 진보적이고 민주적인 대체 세력을 어떻게 구축할 것인가, 둘째, 동북아 국가들 간의 평화적인 경제 및 안보 체제 구축이 그것과 어떻게 연결될 수 있는가, 셋째, 급변하고 있는 현재의 상황을 과학적으로 파악할 수 있는 정치학과 경제학에서의 이론적 혁신은 어떻게 가능한가 등이다. 지은 책으로《아리스토텔레스, 경제를 말하다》,《살림/살이 경제학을 위하여》,《비그포르스, 복지국가와 잠정적 유토피아》,《자본주의》,《소유는 춤춘다》 등이 있고, 옮긴 책으로는《사회적경제, 풀뿌리로부터의 혁신》,《둠재앙의 경치학》,《모두를 위한 경제》,《돈의 본성》,《거대한 전환》,《카를 마르크스》(제59회 한국출판문화상 번역 부문 수상) 등 다수가 있다.

전 세계적 자본주의인가 지역적 계획경제인가 외

초판 1쇄 발행 2002년 7월 30일
개정 1판 1쇄 발행 2022년 9월 28일
개정 1판 3쇄 발행 2025년 1월 15일

지은이 칼 폴라니
옮긴이 홍기빈

펴낸이 김현태
펴낸곳 책세상
등록 1975년 5월 21일 제2017-000226호
주소 서울시 마포구 월드컵로23길 38, 2층(04011)
전화 02-704-1251
팩스 02-719-1258
이메일 editor@chaeksesang.com
광고·제휴 문의 creator@chaeksesang.com
홈페이지 chaeksesang.com
페이스북 /chaeksesang **트위터** @chaeksesang
인스타그램 @chaeksesang **네이버포스트** bkworldpub

ISBN 979-11-5931-407-0 04080
979-11-5931-221-2 (세트)

* 잘못되거나 파손된 책은 구입하신 서점에서 교환해드립니다.
* 책값은 뒤표지에 있습니다.